超级面试官修炼手册

罗 芳◎编著

中国铁道出版社有限公司
CHINA RAILWAY PUBLISHING HOUSE CO., LTD.

图书在版编目（CIP）数据

超级面试官修炼手册/罗芳编著.—北京：中国
铁道出版社有限公司，2024.4
ISBN 978-7-113-30833-9

Ⅰ.①超… Ⅱ.①罗… Ⅲ.①企业管理–招聘–手册
Ⅳ.①F272.92-62

中国国家版本馆CIP数据核字（2024）第000205号

书　　名：**超级面试官修炼手册**
　　　　　CHAOJI MIANSHIGUAN XIULIAN SHOUCE
作　　者：罗　芳

责任编辑：王　宏　　编辑部电话：（010）51873038　　电子邮箱：17037112@qq.com
封面设计：仙　境
责任校对：安海燕
责任印制：赵星辰

出版发行：中国铁道出版社有限公司（100054，北京市西城区右安门西街8号）
印　　刷：三河市宏盛印务有限公司
版　　次：2024年4月第1版　2024年4月第1次印刷
开　　本：710 mm×1 000 mm　1/16　印张：13.75　字数：197千
书　　号：ISBN 978-7-113-30833-9
定　　价：69.80元

前　言

　　招聘面试是人力资源管理重要的一环，面试官的素质和能力直接决定了人才招聘的实际效果。企业要实现长期稳定的发展，离不开人才的支撑，所以面试官是否具备招聘面试所需知识和技能非常重要。

　　不管是线下面试还是线上面试，面试官都扮演着重要的角色，优秀的面试官不仅要为企业招聘到高素质的人才，还要为企业树立良好的形象。在面试过程中，面试官是企业形象的宣传者和维护者。

　　提到面试，很多人的脑海中会浮现出"正式""严肃"这样的词汇，实际上，优秀的面试官懂得营造轻松的面试氛围，能在愉快的交谈中考察应聘者的职业能力，为企业选拔到合适的人才。

　　想要做好招聘面试这项工作，面试官需要具备良好的素质及面试技能，这样才能够通过应聘者的简历信息和面试交流判断出应聘者能否胜任岗位。

　　通过阅读本书，可以帮助读者了解如何筛选求职简历、如何提高面试邀约成功率、如何对应聘者进行面试考察，同时还可以快速了解和掌握面试面谈的方法和技巧，提升识人辨人的能力等。

　　全书共七章，可划分为四部分。

◆ 第一部分为第 1 ～ 2 章，该部分从准备工作和面试邀约入手，介绍如何筛选应聘者进行面试邀约，内容包括明确岗位人才评估标准、题库的设计、科学筛选合适的应聘者、面试前的筹备工作、面试邀约的三大流程、面试邀约沟通技巧等。

◆ 第二部分为第 3 ~ 4 章，该部分从面试沟通的角度介绍面试面谈相关的方法和技巧，内容包括选择有效的面试工具、掌控面试操作流程、做面试现场的控制者、面试官的提问与互动、巧妙询问面试问题、面试追问不可轻视等。

◆ 第三部分为第 5 ~ 6 章，该部分从面试录用评估的角度介绍如何对应聘者进行考察和评价，内容包括面试时如何观察应聘者、面试过程中的心理博弈、如何对应聘者进行有效评估、科学甄选合格的应聘者、正式录用前的背景调查等。

◆ 第四部分为第 7 章，该部分主要介绍如何提高面试职业技能，内容包括走出面试评价的误区、如何面试各类应聘者、破解企业招聘面试难题、招聘面试法律风险与防范等。

本书在讲解过程中穿插了"范例解析"板块，提供了一些常用的招聘面试示例和表格模板，以便读者参考借鉴、快速落地实操。

最后，希望所有读者都能从本书中学到想学的知识，提升面试专业技能，为企业招聘到高素质的人才。

目　　录

第 1 章　充分准备，有效评估应聘者

第2章　正确通知，提高面试邀约成功率

第 3 章　高效面试，掌握面试的主动权

第4章 提问与倾听，对应聘者进行摸底

第6章 慧眼识人，如何确定你想要的人才

第 7 章　自我进阶，有效提升职业技能

第1章
充分准备，有效评估应聘者

在面试过程中，要实现选人用人的目标，为企业找到合适的人才，就必须对应聘者进行有效评估。面试官如果做不好这方面的工作，可能无法招聘到和岗位相匹配的人才。为了保证面试的有效性，面试之前需要明确用人需求和标准，做好面试前的筹备工作。

1.1 明确岗位人才评估标准

面试主要是考察应聘者是否具备岗位所需的相关技能和知识，不同的岗位其核心职责和任职要求都会有所不同，如果面试官不清楚每个岗位的评估标准，就无法有针对性地筛选和评估应聘者，更别说为企业找到理想的任职者了。

1.1.1 面试前的岗位分析

面试开始前，首先要明确岗位用人标准，那么岗位用人标准要如何确定呢？这需要进行岗位分析。岗位分析是整个人事管理科学化的基础，企业的人才选拔、绩效考核、员工培训都离不开岗位分析。

岗位分析能确定各个职位所需的学历、技能、素质、经验等，这就为人员的选拔提供了依据，从而避免了选人用人的盲目性。对企业来说，只有招聘到理想的任职者，拥有合理的员工队伍，才能保证企业长期稳定地发展，岗位分析能解决以下问题：

①岗位的具体工作内容是什么？

②岗位工作应由谁来完成？

③岗位工作在哪里完成？

④岗位工作如何完成？

⑤为什么要完成此项工作？

岗位分析能定岗、定员、定事，主要内容包括岗位描述和岗位规范。

（1）岗位描述

岗位描述指与工作内容有关的信息，可以简单理解为岗位画像，把岗位的具体特征界定下来，岗位描述主要包括以下四方面内容：

①岗位名称，即岗位所从事的是什么工作，如总经理、销售助理、人

力资源专员、招聘主管、市场专员、秘书等。

②岗位活动和程序，主要说明岗位日常工作任务和流程，完成工作所需使用的设备、资料、材料等，工作中与其他员工的关系等。

③工作条件，指岗位的工作环境、设施条件、工作时间、工作地点、劳动强度等。

④职业条件，包括工资报酬、奖惩制度、晋级机制等，这一部分是应聘者最为关注的，也是面试中经常会谈及的问题，在进行岗位分析时，需要对该部分进行深入分析和判定。

（2）岗位规范

岗位规范主要是对工作要求和任职条件进行概括，只有明确了岗位规范，面试官在进行应聘者筛选时，才能清楚应聘者是否具备上岗任职资格。岗位规范一般应包括岗位职责、上岗条件和行为规范三部分。

①岗位职责，指完成岗位工作需要承担的责任范围，以人力资源岗位为例，其岗位职责有制订招聘计划、实施招聘工作、组建高素质人才队伍、开展绩效管理活动等。

②上岗条件，指知识条件、身体条件、职业道德等，具体包括学历要求、专业知识、经验技能、体力、视力、思想政治素质等。上岗条件因岗而异，即应明确担任什么职位的员工应具备哪些素质。

③行为规范，指对员工的着装、行为举止、工作程序等所做的规定，如针对安管员岗位，要求服装整洁、统一着装、举止文明大方，有来访人时主动询问、核实，来访人登记后方可进入小区。

岗位分析的结果主要体现在岗位说明书上，岗位说明书并没有固定的格式，企业可以根据岗位工作性质来制订，但以上基本内容要包含在内，表 1-1 所示为岗位说明书模板。

表 1-1 岗位说明书模板

职位名称		职位代码		所属部门	
直属上级		职等职级		晋升职位	

岗位概要：

岗位职责					

任职资格					
学历／专业					
年龄／性别					
必备知识					
工作技能					
工作经验					

工作内容					

工作条件					

薪资标准					

1.1.2　岗位分析的四大方法

准确的岗位分析能帮助面试官明晰用人标准，为企业招聘、甄选出合格的人员。在对岗位进行具体分析时，可以灵活运用以下方法，以保障岗位分析的可靠性和合理性。

（1）观察法

观察法是指在工作现场观察员工的工作过程、工作流程、工作状态、工作方法等，并将观察到的信息记录下来进行整理汇总，得出岗位分析的结果。

观察法获取的信息一般是比较准确和合理的，可以直观地获取岗位工作信息，适用于事务性工作者、体力工作者这类有标准化工序的工作，如保洁、车间操作员、维修人员等，不适合脑力工作者，如财务分析师和程序员，仅靠观察无法全面地了解该项工作的要求和内容。观察法又可分为直接观察法、阶段观察法和表演观察法。

①直接观察法：适合工作周期比较短的工作，分析人员可以跟随员工对其工作的全过程进行观察，比如车间操作人员。

②阶段观察法：适合工作周期比较长的工作，为了全面地了解岗位的工作内容，需要分阶段进行观察分析。

③表演观察法：适合工作周期比较长，或者突发性事件比较多的岗位。对于工作周期比较长的岗位，如果观察阶段跨度太长，可能导致岗位分析工作持续很长一段时间，为提高效率，这时就可以采用表演观察法进行观察分析。对于突发性事件比较多的岗位，除常规工作外，往往还需要处理突发事件，这时也可以采用表演观察法对工作进行分析，如保安工作。

运用观察法对岗位进行分析时，最好准备观察记录表，以便在观察过程中随时记录，另外，分析人员也可以用摄影设备拍摄下员工的工作过程，以便更好地进行岗位分析，表 1-2 所示为岗位分析观察记录表。

表1-2　岗位分析观察记录表

被观察者姓名		观察日期	
岗位分析员		观察时间	
观察内容：			
1.什么时候开始工作？			
2.正式工作前做了哪些准备？			
3.岗位工作的主要步骤？			
4.有几个作业要点？			
5.正常工作时间？			

（2）问卷调查法

问卷调查法是指设计岗位分析问卷，然后让员工填写，分析人员将收集到的问卷统计整理，最后得出岗位分析结果。问卷调查法应用比较广泛，其关键点是问卷的设计，问卷设计要科学、合理、完整，这样才能保证岗位分析的准确性。下面来看一个岗位工作分析调查问卷。

范例解析 **岗位工作分析调查问卷**

此次调查问卷是为了搜集你目前所在岗位的有关信息，进行信息分析、完善现有岗位说明书，增加对岗位的了解。

问卷调查只针对岗位的客观情况，不涉及任何具体个人信息，请如实填写，你填写内容的完整性和真实性对我们进行工作分析非常重要。

感谢您的配合！

1.姓名：＿＿＿＿＿＿＿＿＿　　　　职务：＿＿＿＿＿＿＿＿

　所属部门：＿＿＿＿＿＿＿＿　　　时间：＿＿＿＿＿＿＿＿

2. 请对本岗位作简要描述：

3. 本岗位工作内容（常规职责）：

4. 本岗位的学历要求是？

☐高中　　　　　☐职高　　　　　☐大专

☐本科　　　　　☐硕士

5. 您认为担任本岗位工作对外语有要求吗？

☐需要　　　　　☐不需要

6. 承担岗位工作应具备哪些特殊能力？

☐良好的记忆力　☐准确运算能力

☐灵敏的反应力　☐较好的语言表达水平

☐文字综合能力　☐组织协调能力

☐决策能力　　　☐其他特殊能力要求

7. 您认为做好本岗位工作的最重要的一项要求是？

☐勤奋努力　　　　　　　　　　☐责任心

☐准确掌握信息、及时作出决策　☐搞好人际关系

☐其他

8. 您所处理的各项业务彼此是否相关？

☐完全不相关　　☐大部分不相关　　☐一般相关

☐大部分相关　　☐完全相关

9. 本岗位的工作情况是？

☐工作任务比较单一，在规定的时间内能顺利完成

☐同时受理多项工作任务，工作重点或内容经常变化

☐工作中经常出现新问题、新情况，需提出解决方案

10. 完成本岗位是否需要创造性？

☐很少　　　　　☐有时需要　　　　☐需要

☐很需要

…………

26. 工作中是否要求高度的精力集中，如果是，约占工作总时间的比重是多少？

☐ 60% 以下　　　☐ 60%~70%　　　　☐ 71%~80%

☐ 81%~90%　　　☐ 91% 以上

27. 简要说明本岗位的任职资格。

上述范例展示了岗位工作分析调查问卷的部分内容，围绕岗位设计了与工作范围、工作能力、工作特征有关的内容。在具体设计问卷时，岗位分析人员可以围绕岗位工作环境、人际关系、工作目标、时间要求、能力要求、其他特征等进行问卷设计。

（3）面对面访谈法

面对面访谈法是指分析人员与任职者进行面谈，从而了解岗位信息。运用面谈法时，要先设计好面谈问题提纲。面对面访谈法要求分析人员具备良好的语言表达能力和逻辑思维能力，在面谈过程中，分析人员要把握好谈话的节奏和内容，避免跑题和谈话氛围死气沉沉。

在设计面谈问题时要注意两点，一是所提出的问题应与岗位工作有关，二是提问不要涉及对方隐私。所提的问题应该清晰、直观，避免表达不准确产生歧义，访谈法比较适合于脑力工作者岗位。

（4）工作日志法

工作日志法是指让任职者记录工作日志，通过任职者提供的工作日志进行岗位分析。工作日志由任职者自行填写，其可能存在内容真实性不高等问题。为了保证工作日志的真实性，可要求任职者随时填写工作日志，比如15分钟填写一次、半个小时填写一次等，而不是下班后一次性填写。

运用工作日志法时，分析人员要设计好工作日志单，然后让任职者按照要求填写，表1-3所示为工作日志单。

表1-3　工作日志单

职位：　　　　　　部门：　　　　　　　主管：　　　　　　　填表时间：

序号	起止时间	工作活动名称	工作内容	工作联系	工作结果	备注
1						
2						
3						
4						
5						
6						

结合工作日志对岗位工作进行分析，分析人员可以得出工作日志统计汇总表，见表1-4。

表1-4　工作日志统计汇总表

工作内容	工作职责	频率	备注

除以上方法外，岗位分析的方法还有专家讨论法、材料分析法、典型事件法、职位实践法等。

1.1.3 构建岗位胜任素质模型

在人力资源管理中，常常能听到"将合适的人放在合适的岗位"这句话。这句话听起来简单，实际操作起来却不是那么容易。在人才的招聘面试上，很多企业主要通过岗位说明书来甄选人才，有的甚至连岗位说明书都没有，仅凭经验来筛选人才。

针对"人岗匹配"这一人力资源管理问题，很多企业管理者都进行了探索研究，能力素质就这样被提出。能力素质是指能直接影响工作业绩的个人条件和行为特征，人力资源部门可以在岗位分析的基础上明确岗位所需的素质特征，建立起胜任力素质模型，以便更好地进行人才选拔。构建胜任力素质模型可按图 1-1 所示的步骤进行。

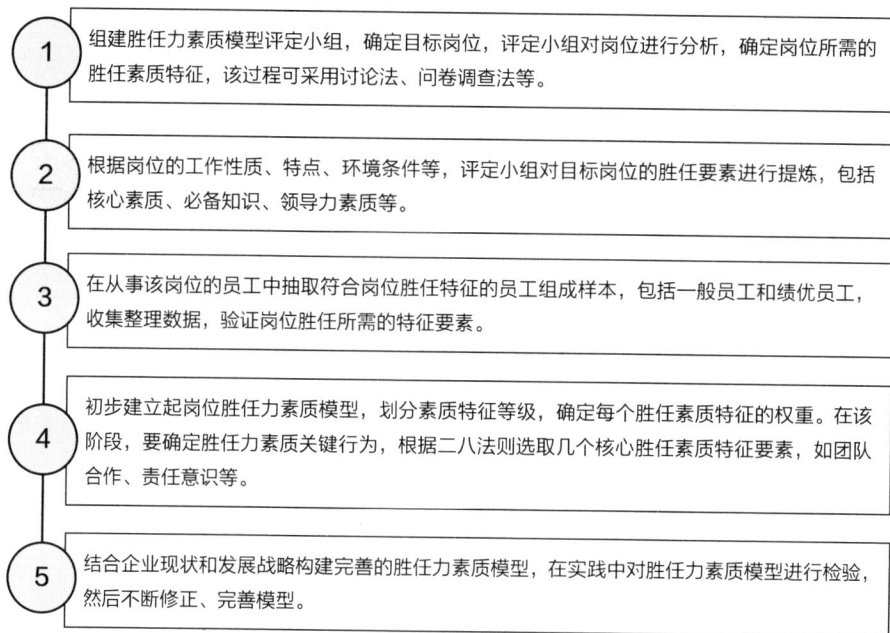

① 组建胜任力素质模型评定小组，确定目标岗位，评定小组对岗位进行分析，确定岗位所需的胜任素质特征，该过程可采用讨论法、问卷调查法等。

② 根据岗位的工作性质、特点、环境条件等，评定小组对目标岗位的胜任要素进行提炼，包括核心素质、必备知识、领导力素质等。

③ 在从事该岗位的员工中抽取符合岗位胜任特征的员工组成样本，包括一般员工和绩优员工，收集整理数据，验证岗位胜任所需的特征要素。

④ 初步建立起岗位胜任力素质模型，划分素质特征等级，确定每个胜任素质特征的权重。在该阶段，要确定胜任力素质关键行为，根据二八法则选取几个核心胜任素质特征要素，如团队合作、责任意识等。

⑤ 结合企业现状和发展战略构建完善的胜任力素质模型，在实践中对胜任力素质模型进行检验，然后不断修正、完善模型。

图 1-1 构建胜任力素质模型步骤

岗位素质模型使得人力资源部统一了岗位用人的基本标准，其准确性高且操作性强，能够为人才甄选提供便利。因此，在人力资源管理中运用广泛，受到了很多管理者的认可。

范例解析 项目经理能力素质模型图

图1-2所示为某公司项目经理能力素质模型图。

项目经理能力素质模型				P1（初作者）	P2（有经验者）	P3（骨干）	P4（专家）	P5（资深专家）
类别		知识点						
素质模型	素质	1	学习、提炼能力	1	3	4	5	5
		2	沟通、谈判能力 *	1	3	4	5	5
		3	承压能力	1	2	3	4	5
		4	执行力 *	1	2	4	5	5
能力模型	知识技能	5	专业知识 *	1	2	3	4	5
		6	关联知识	0	1	2	3	4
		7	技术能力	0	1	2	3	4
		8	业务能力	0	2	3	4	5
		9	项目计划能力 *	1	2	3	4	5
		10	项目跟踪和控制能力 *	1	2	3	4	5
		11	风险识别与管控能力	0	2	3	4	5
		12	度量及数据分析能力	0	1	2	3	4
	客户导向	13	敏捷项目管理能力	0	1	2	3	4
		14	成本分析控制能力	0	1	2	4	5
	领导力	15	团队影响力 *	0	1	2	4	5
		16	带人的能力/知识传递	0	1	2	4	5
能力点变化总数				7	9	9	5	2

注：*号为关键能力项

（a）

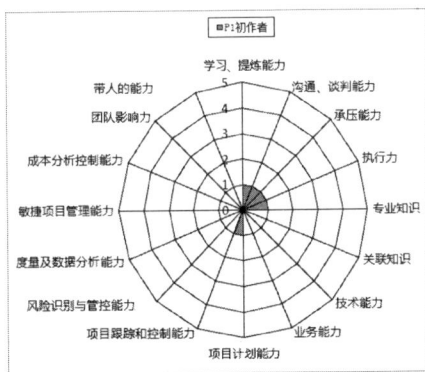

（b）

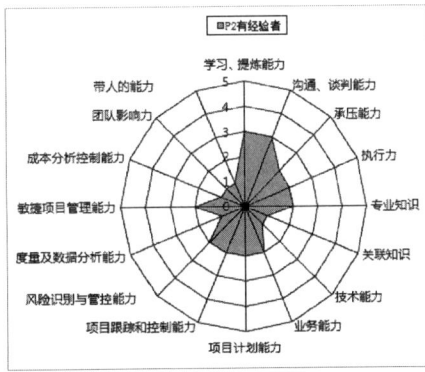

（c）

图1-2 项目经理素质模型图

该公司把项目经理岗位分为P1（初作者）、P2（有经验者）、P3（骨干）、P4（专家）、P5（资深专家）五个层级，每个层级所需的胜任力素质以及能力点要求有所区别。如P1（初作者）要求具备学习、提炼能力，沟通、谈判能力，专业知识，项目计划能力等，而P2（有经验者）则还要求技术能力和业务能力，P1（初作者）的能力点要求均为一点，P2（有经验者）根据胜任要素的不同，能力点要求有一点、两点和三点。从胜任力素质雷达图可以很清楚地看出不同层级岗位的胜任特征以及能力等级，这可以帮助面试官在招聘时区分一般者和优秀者。

本案例将胜任力素质关键要以 * 号标注，有沟通、谈判能力，执行力，专业知识，项目计划能力，项目跟踪和控制能力，团队影响力六个核心能力素质。企业可以从领导胜任力、通用胜任力和专业胜任力三个方面来构建胜任力素质模型。

1.1.4　关键岗位的差异化甄选工具

关键岗位对企业的发展起到了至关重要的作用，在进行关键岗位人才选拔时，要先对企业内部的关键岗位进行界定，实现关键岗位的差异化招聘和管理，可从以下四个维度来评判关键岗位：

①战略影响力：关键岗位能对企业战略目标的实现发挥作用，可以直接增强企业的战略能力，这样的岗位在企业中的占比一般为 15%~20%，比如研发、营销企划等岗位。

②绩效变动性：绩效变动性是指某岗位低绩效者与高绩效者之间的差距，这个差距一定是很大的，如 5 倍、10 倍，甚至是 100 倍等。

③市场稀缺性：在市场中，关键岗位的优秀人才是很稀缺的，且具有很强的竞争力，企业很难招聘到这样的人才。

④可替代性：对企业来说，关键岗位人才往往掌握核心技术或资源，可替代性小，一旦缺失可能给企业带来很大的影响。

不同类型的企业对关键岗位的评判标准可能有所不同，可以建立关键岗位评判模型，明确关键岗位的衡量指标，然后评判哪些岗位是企业的关键岗位，表 1-5 所示为某关键岗位评判模型。

表1-5　关键岗位评判模型

价　　值	衡量指标	评判对象	数　　值				
			1	2	3	4	5
内部	战略影响力	部门负责人、人力资源工作人员					
	绩效波动性	部门负责人、人力资源工作人员					
↑	培养难度	培训人力资源工作人员					
↓	可替代性	部门负责人、人力资源工作人员					
	市场竞争性	人力资源工作人员					
外部	市场稀缺性	人力资源工作人员					

　　明确了关键岗位后，建立关键岗位人才画像，确定关键岗位能力要求、绩效要求、职责要求等。对关键岗位人才的选拔，除外部招聘外，会更多地通过内部提拔、培养、推荐的方式来实现。内部选拔、培养时要明确入选门槛，以缩小应聘者范围，比如规定卓越绩效者、入职满6个月以上的正式员工可以参与关键人才选拔、培养。关键岗位内部选拔的一般流程如图1-3所示。

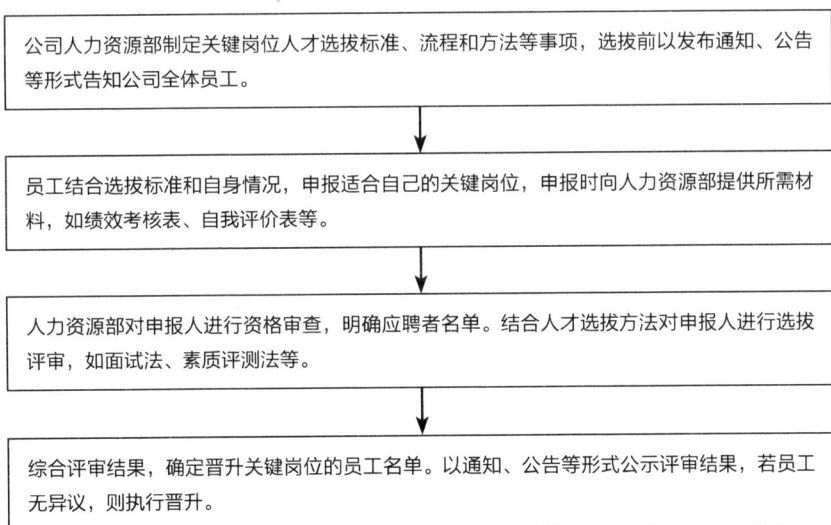

公司人力资源部制定关键岗位人才选拔标准、流程和方法等事项，选拔前以发布通知、公告等形式告知公司全体员工。

↓

员工结合选拔标准和自身情况，申报适合自己的关键岗位，申报时向人力资源部提供所需材料，如绩效考核表、自我评价表等。

↓

人力资源部对申报人进行资格审查，明确应聘者名单。结合人才选拔方法对申报人进行选拔评审，如面试法、素质评测法等。

↓

综合评审结果，确定晋升关键岗位的员工名单。以通知、公告等形式公示评审结果，若员工无异议，则执行晋升。

图1-3　关键岗位内部选拔流程

1.2　题库的设计

　　为了在众多应聘者中找到适合企业的人才，面试官必须具备基本的识人能力。在人才招聘的过程中，面试官可以结合本公司需求设计招聘试题，在笔试和面试中通过试题测试来甄选应聘者，从而更有效地考察应聘者是否符合岗位要求。

1.2.1　笔试题的形式

　　笔试是人才测评的一种手段，主要以书面考试或测试的形式进行，用于考察应聘者的专业知识水平、逻辑思维能力、书面文字能力等综合能力。

　　根据岗位的不同，笔试题的内容也会不同，比如文字工作者一般侧重于考察其写作能力、理解能力；管理岗位侧重于考察其管理知识。招聘笔试题常见的形式有以下几种。

　　（1）选择题

　　选择题是笔试题中比较常见的一类题型，由题干和备选项两部分组成，有单项选择题和不定项选择题两种类型。在人才招聘中，面试官可以利用选择题来考察应聘者的知识水平、思维反应能力等。设计选择题时，要保证题目的质量，否则无法起到测试考察的作用。

范例解析 **金融类岗位招聘笔试多选题示例**

　　1.商业信用是企业之间进行商品交易时提供的信用，主要包括（　　）。

　　A.赊销

　　B.消费贷款

　　C.出口信贷

　　D.预付货款

　　E.抵押贷款

2.按市场工具划分，资本市场包括（　　）。

A.商业票据市场

B.股票市场

C.债券市场

D.投资基金市场

E.回购市场

（2）是非题

是非题即判断题，特点是只有"对"或"错"两种答案，一般表现为陈述一句话，要求测试者判断对错，然后在后方的括号内打上"√"或"×"。是非题形式简单，计分简便省时，在设计非题时要注意命题的意义和准确性，不能让句子看上去似是而非。

范例解析　设计类岗位是非题示例

1.计算机的显示模式是基于 CMYK 模式。（　　）

2.三原色是指红色、蓝色、黄色。（　　）

3.颜色的属性：色相、明度、纯度。（　　）

4.黄金分割比率是 1:0.681。（　　）

5.红色代表着能量、热情、忠诚、革命、激情、婚嫁等。（　　）

（3）填空题

填空题是先给出已知条件，在而后的语句中空出要问的答案以横线代替，以此要求应聘者填上正确解的一种题型。填空题形式灵活、覆盖面广，主要有定量填空和定性填空两类。

范例解析　装修设计类岗位填空题示例

1.墙面装饰分为 _____ 和 _____，不同的墙面有着不同的装饰效果和功能。

2.抹灰类饰面中 _____ 抹灰主要是对墙体基层的表面处理，其作用是保证饰面层与基层 _____ 和 _____。

3.饰面砖（板）类饰面是指将饰面砖、石材等材料通过相应的构造粘贴或安装在墙、柱体基层上的装饰方法。按装饰材料及施工方法的不同，饰面砖（板）类墙柱面装饰可分为 _____ 和 _____ 。

4.單面板类饰面中板与板的拼接构造，按拼缝的处理方法可分为 _____ 、_____ 、_____ 、_____ 、_____ 等方式。

（4）简答题

简答题主要测试受测者对基本知识的掌握情况，题目相对会比较简单，通常只要求受测者简明扼要地回答出要点即可，对字数的要求较少，有相对标准的统一答案。

范例解析 **测试工程师岗位简答题示例**

1. 词语解释：UCG、PGC、OGC 分别是什么？

2. 什么是软件测试？请描述一下完整的测试过程？

3. 性能测试和压力测试各自主要目标是什么？它们之间有什么不同？相互有什么关系？

4. 您认为做好测试用例设计工作的关键是什么？测试用例设计方法都有哪些？

（5）问答题

问答题一般由提示项、限定项、中心项、求答项四部分构成，各部分的次序不定。面试官可以利用这类试题来了解受测者处理问题的思路和方法等。在设计问答题时，要明确题目涉及的时空范围和情景，这类笔试题通常没有标准答案，受测者可以在试题所要求的范围内灵活发挥，评分往往带有主观性。

范例解析 **产品运营岗位问答题示例**

1. 分销的概念虽然早在互联网出现之前就已经存在，但是移动互联网的普及尤其是私域流量的发展，使得分销工具在企业的销售转化上被运用的越来越多。假设你是 ××App 的产品经理，老板希望你设计一套分销玩法为企业提升保洁服务的销售转化率，请说明你的设计思路。

2. 某小说App推出了会员，开通1个月15元，3个月50元，6个月98元，12个月168元。

会员权益：每天可以免费领取60个书币（100书币=1元），书币可以用于购买小说；会员购买小说可以享受8折优惠；有100部番外小说仅会员用户可以阅读，且是免费阅读的。由于会员用户也消费了这100部小说的内容，所以也应该对这100部小说进行分成。

问：已知2020年8月该平台会员收入为500万元，请设计一个收入分成规则。

1.2.2 笔试题的设计

招聘笔试题要结合岗位特性和公司实际来进行设计，总体来看，可将试题分为客观题和主观题两部分，通过恰当数量、难度和题型的试题来测试应聘者的知识水平、能力、素质、行为等。

不同企业在设计笔试题时侧重点应有所区别，不可照搬其他企业的试题。中小型企业的笔试题一般更注重实用性，题目的设计可以更具有针对性，与岗位所需具备的专业知识、特殊能力密切相关。大型企业的笔试题一般更注重智力、职业性格、思维能力等方面的测验，测试的题目会比较广泛，常常会使用比较权威的职业兴趣测评题、心理测试题、职业性格测验题来了解应聘者的智力、性格、情商等。如下所示为某企业运营专员岗位招聘笔试题。

范例解析 运营专员岗位招聘笔试题

一、单选

1. 下列哪个不属于平台型电商公司的岗位？（　　）

　A. 运营　　　　　B. 开发　　　　　C. 采销　　　　　D. 推广

　E. 测试

2. 下列哪个不属于阿里零售事业群的平台？（　　）

　A. 天猫　　　　　B. 淘宝　　　　　C.1688　　　　　D. 聚划算

　E. 闲鱼

3. 下列哪个属于平台型电商业务的是？（　　）

　A. 京东自营　　　B. 京东pop　　　C. 闲鱼　　　　　D. 网易严选

4. 下列＿＿＿不属于平台电商运营的范围？（　　）

A. 商品运营　　　B. 活动招商　　　C. 品牌运营　　　D. 零售供应链管理

E. 生产供应链管理

二、不定项选择

5. 以下品牌社群运营中常用于面向个人用户的企业（TOC）的业务推广方式？（　　）

A. 微博　　　　　B. 微信　　　　　C. 分众传媒　　　D. 诚信通

E. 知乎　　　　　F. 分答

6. 下面哪些不是商家与用户互动的手段？（　　）

A. 广告　　　　　B. 售后服务　　　C. 分众传媒　　　D. 生产

E. 预售　　　　　F. 问卷调研　　　G. 客户分析

7. 下面哪些不是 B2C 零售方式？（　　）

A. 天猫闲鱼　　　B. 微博　　　　　C. 聚划算　　　　D. 支付宝

E. 钉钉

8. 下列哪些涉及流量运营？（　　）

A. 直通车　　　　B. 钻展　　　　　C.CTR 效果监控

D.spm　　　　　　E. 阿里鱼　　　　F. 菜鸟裹裹

三、简答题（最多字数限制 10 000 字）

9. 企业 App 与微博、微信公众账号的区别？在同用户连接中有哪些差异？

四、主观题

10. 淘宝"一千零一夜"的点评，从但不限于消费者粘性、平台商业价值、用户角度进行分析，说出一项最重要可以优化的产品需求。

11. 是否带过项目，如果是，承担怎么样的职责，遇到过什么困难，是怎样解决的？

上述测试题目都与运营专员岗位密切有关，主要检验应聘者的基础知识水平及岗位一般能力。

1.2.3　行测题的设计

行测题主要用于测试应聘者的逻辑判断能力、推理能力、数学能力、智力、情商、性格等，这类测试题一般多用于大型企业或集团公司，常见题型有图形推断、数字推理、数学运算、逻辑推理、逻辑填空和语句排序题，如下所示为某企业招聘思维能力测试题部分试题。

范例解析 企业招聘思维能力测试题

第1题：

目前有一项测验，共有500人参加，测验包括五道单选题，每题有三个选项，每个人必须做完全部题目。最终会选取选择人数最多的一组答案组合进行分析，那么所选取的这一答案组合至少应包括多少人。

○ 2　　　　　　　○ 3　　　　　　　○ 4　　　　　　　○ 5

第2题：

从所给的四个选项中，选择最合适的一个填入"？"处，使图中的数字呈现一定的规律性。

6	1/3	1/2
12	1/4	1/3
30	1/5	?

○ 1/3　　　　　　○ 1/34　　　　　○ 1/5　　　　　○ 1/6

第3题：

某市政部门要在一栋正方体涉密建筑上安装监控摄影头，要求该建筑每侧都安装19个摄影头并保证4个角上都安有摄影头，那么共需要安装多少个摄影头。

○ 72　　　　　　　○ 76　　　　　　　○ 80　　　　　　　○ 84

第4题：

从所给的四个选项中，选择最合适的一个填入"？"处，使之呈现一定的规律性：

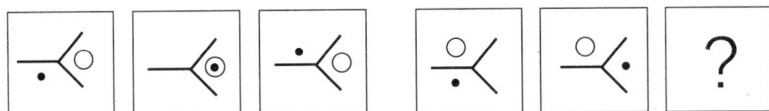

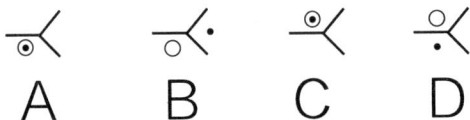

○ A　　　　　　　○ B　　　　　　　○ C　　　　　　　○ D

第 5 题：

从所给的四个选项中，选择最合适的一个填入"？"处，使之呈现一定的规律性：

11	13	17
8	12	4
22	39	？

○ 13   ○ 15   ○ 17   ○ 21

上述测试题的题型为数字推理和数学运算，主要测试应聘者对事物关系的逻辑推理能力以及数学计算能力。

1.2.4 面试题的设计

面试题是以面对面沟通交流的方式来考察应聘者的能力和综合素质，面试题的设计可以很多样化，面试官要根据不同的求职对象和岗位来设计面试问题，这样才能更好地评估应聘者与岗位的匹配度。另外，在面试过程中，面试官也可以根据应聘者的表现、客观情景来灵活提问，注意避免照搬所谓的面试"必考题"，这样无法有效筛选应聘者，下面来看一个具体的案例。

范例解析 企业招聘常见面试题

张经理是某企业的 HR，公司拟招聘销售人员 3 名、市场部专员 1 名、电话客服 2 名。经过简历对比后，张经理筛选出了几名基本符合岗位要求的应聘者，并通知这几名应聘者周一到公司进行面试。

面试前，张经理在面试必考题中选择了几个自己认为不错的试题。面试过程中，他主要以提问的形式来考察应聘者的能力，提出以下几个问题。

①请简单介绍一下自己？

②你认为你有哪些优点和缺点？

③你应聘这个岗位的优势是什么？

④你对加班有什么看法？

虽然这几位应聘者应聘的是不同岗位，但是针对以上几个问题，他们的回答方式都比较类似。在回答"请简单介绍一下自己""你认为你有哪些优点和缺点"和"你应聘这个岗位的优势是什么"这三个问题时，这几名应聘者都是按照简历上书写的内容来回答的，至于"你对加班有什么看法"这个问题，他们的回答大致都是"我会尽可能提高效率避免加班，如果公司有重要业务需要加班，我会义不容辞"。

面试结束后，张经理发现自己根本无法准确考察应聘者的个人能力和岗位匹配度，对这几名应聘者的评估还是停留在简历上。

在上述这个案例中，张经理犯了很多面试官常犯的错误。一是面试题是围绕简历已有的内容来设计；二是照搬所谓的面试"必考题"。比如"介绍一下自己"和"优缺点"这样的面试题，这类面试题的答案在应聘者的简历中就可以找到答案，在面试中提出这样的问题，只是让应聘者复述一次简历的个人简介和自我介绍而已。除此之外，此类面试题比较主观，很难判断哪种回答更好，这就会增加面试中剔除不合格应聘者的难度。

另外，很多所谓的面试"必考题"基本上都有答案可以借鉴，不少应聘者在面试前也会针对此类试题事先准备好答案，这就会导致此类试题无法有效考察应聘者的岗位胜任能力。

企业的面试官要明白，面试的目的是考察应聘者的能力和素质，以及他在未来是否能胜任岗位工作。在设计面试题时，可以适当参考面试"必考题库"中的试题，但在实际面试过程中，还是要针对岗位要考察的能力和素质，结合面试时的具体情景，有针对性地提问，这样才能保证面试的有效性。具体设计面试题时，可以结合以下几方面来设计。

①岗位说明书：结合岗位说明书来设计面试题，使面试题能够真正考察应聘者的任职资格，具体可以根据岗位职责，所需的知识、经验和技能来设计，可以包括该岗位的专业性或开放性问题，如针对测试工程师岗位提问"您认为做好测试用例设计工作的关键是什么""Linux 有什么命令可以了解系统资源情况"。

②面试时的情景：在面试过程中，面试官可以根据应聘者的回答以及当时的情景氛围灵活地提问，比如应聘者对于某个问题的相关细节回答得并不是很明确，但我们认为这个问题很重要，这时就可以针对该细节进行追问，如"能说一说当时处理这件事的具体方案吗？"对于一些不重要的行为、回答，则可以忽视。

③岗位层级：设计面试题时也要考虑应聘者的岗位职级，层级比较低的岗位可以从个人情况、专业、知识水平等方面来设计面试题。对于层级较高的岗位，可从工作技能、相关领域的实战经验、综合能力等方面来设计面试题，面试题的内容可以更有深度。

知识扩展 **如何设计开放型面试题**

在面试过程中，并非不可以提开放型试题。只是开放型试题没有标准答案，应聘者可从不同角度、不同层面来回答问题，这对面试官的能力要求较高，不仅要求出题的立意和内容有一定的价值和深度，还要求面试官有较强的识人能力和辨别能力，这样才能考察出应聘者的能力水平，否则可能被应聘者带偏。开放型面试题可用于考察应聘者的思维能力、逻辑严密性以及创新性等，面试中要避免提过于简单、毫无意义的开放型试题。

下面来看看一些常见的面试题，可供借鉴参考。

①在解决 ×× 难题时，您是如何独辟蹊径的？

②过去的工作中，您认为您承担的最具挑战性的任务是什么？

③您有解决 ×× 冲突的经验吗？能简单说说您是如何解决 ×× 冲突局面的吗？

④如果您正在处理一件很重要的事，但同时又有一件很紧急的事等待您处理，您会如何安排时间？

⑤请介绍一下您负责的项目，以及具体工作流程。

⑥您有处理过 ×× 问题吗？举个例子简单说一下。

⑦您觉得在过去的工作中还有哪些方面可以做得更好？

1.3　科学筛选合适的应聘者

有效筛选应聘者，为企业招聘到符合岗位要求的员工，是面试官的主要工作职责之一。在招聘过程中，对应聘者的筛选可能会经历多轮，简历筛选就是其中重要的环节，通过简历对应聘者进行一次筛选，然后再发出笔试或面试邀约，可以提高企业招聘的效率和有效性，但如果简历筛选不恰当，也可能错失优秀人才，甚至给企业招聘增加负担，因此科学筛选简历极为重要。

1.3.1　求职简历应该怎么看

对很多面试官来说，简历筛选都是比较头疼的一件事，这项工作是比较耗时间和精力的，但对企业招聘来说，又是关键和重要的。那么在收到应聘者的简历后，要如何快速看透一份简历，筛选出合适的候选人呢？下面来看看如何阅读个人简历中常见的基本内容。

（1）个人信息

个人信息的内容一般比较简单，在看简历时可以快速了解，主要看应聘者的个人信息是否与岗位要求一致。在阅读应聘者个人信息时，要注意个人信息所反映的隐藏信息，如从应聘者的出生年月可以看出其年龄阶段；从应聘者的年龄和职位，可以了解其发展潜力。

（2）工作经历

工作经历是比较重要的，在看应聘者的工作经历时要了解其工作时间的长短、工作稳定性以及其具备的工作技能是否能够满足岗位胜任力要求。工作经历要阅读得比个人信息仔细，应该重点把握。

从应聘者过往的工作经历可以看出其职业发展路线和职业定位，比如一位应聘者过往的工作都是销售，那么该应聘者的职业定位可能会倾向于市场营销等。这时可以进一步看这一职业发展路线与应聘者应聘的岗位是否符合。

通过应聘者工作经历的连续性一般可判断其工作的稳定性，通常认为 3～5 年换一份工作可视为工作稳定性高，1～2 年换一份工作是比较常见的，1 年以内转换工作超过两次可视为稳定性差。

另外，面试官还要通过应聘者的工作经历了解其转换工作的原因以及去向，如果一位应聘者以前工作很稳定，在最近一两年内换工作频繁，且所处行业或职业类型与过去有很大的差异，那么这位应聘者可能处于职业探索期。

透过应聘者工作经历的成长性可以了解应聘者是否具备进取心或者成长潜力。比如一名入职 3 年以上的销售助理还为被晋升为销售专员，那么其职业成长可能会比较迟缓了。对于一些专业技术岗位，则可以看应聘者在工作期间是否有岗位等级晋升，如一位应聘者从初级岗位上升到高级岗位只用了一年时间，这一晋升速度是比较快的，说明该应聘者是比较有潜力的。当然部分岗位上升到一定职级可能会存在向上发展的瓶颈，这一瓶颈可能成为应聘者转换工作的原因，以上这些隐藏信息都需要面试官在查看应聘者工作经历时注意去分析。

（3）教育背景

教育背景相对较好判断，这一部分不一定要重点关注，可以适当关注，因为，从应聘者的在职教育和培训经历，可以看出其专业方向、知识体系的广度和深度、学习能力等，但并不能直接反映应聘者未来的工作能力。一般来说，岗位职级越高对应聘者的学历要求就会越高，面试官可以通过教育背景快速剔除一些不符合岗位技能、学历要求的应聘者，因为有的岗位如果不具备相关专业知识就很难胜任。

教育背景通常可以和工作经历结合起来判断应聘者的综合素质，包括知识水平和能力素质，重点了解应聘者的专业知识水平和工作经历是否与任职岗位能力有明显偏离。另外，教育背景和工作经历可能存在造假的现象，面试官要注意甄别。

（4）职业规划或倾向

职业倾向不可忽视，一般来说，一个工作时间超过 5 年的应聘者，其职业倾向基本上是比较确定的，且能够通过简历看出来，当然也存在 5 年后探索新职业方向的可能。面试官要了解应聘者的职位意向是否与应聘岗位相关，有的应聘者可能在简历中写上了多个目标岗位，如市场专员、产品助理、运营策划，如果岗位差别很大，那么说明该应聘者的职业规划并不明确，或者还处于职业迷茫期，一般来说，工作时间不足 3 年的应聘者较容易出现以上现象。

除此之外，还要看应聘者的意向薪资。如果应聘者要求的薪资待遇明显高于职位提供的范围，那么该应聘者对职业发展可能要求较高，另外，也要判断该应聘者是否有些骄傲自大；如果对薪资待遇的要求过低，说明该应聘者可能不够自信；如果应聘者的期望薪资比岗位薪酬高，但在合理范围内，如 10% 或 20%，这在一定程度上能够体现应聘者的自信心和务实。

（5）个人能力和兴趣爱好

面试官要留意应聘者对个人能力、兴趣爱好、性格等的评价，个人特长、奖励荣誉等是应聘者自我优势的一种体现。兴趣爱好、性格并没有绝对的好与坏，但是某些兴趣爱好、个人性格确实能对岗位胜任和保持工作稳定性有一定帮助，比如一位喜欢演讲辩论的应聘者应聘销售类岗位，说明其擅长沟通，这对其胜任岗位是有帮助的，性格沉默寡言者就不太适合销售岗位。

（6）综合分析

最后，面试官还要对应聘者的简历信息进行整合分析，综合判断应聘者是否符合岗位基本任职要求。如果应聘者的简历内容前后矛盾，这时就要特别引起注意，另外，也要注意那些可能对岗位工作产生影响的素质特征，如应聘者的住址离公司很远、责任心不够强等，部分素质特征需要从简历的文字表述中分析得出。

在分析简历时，面试官也要善于在简历中发现亮点，如应聘者虽然学历不高，但在岗位技能、培训经历上有突出之处，这可以成为加分项，在综合分析后也可以将其作为应聘者参与面试，以避免错失人才。

1.3.2　如何快速进行简历筛选

对于处于招聘高峰期的面试官来说，每天收到的简历的量是很大的，同时，企业也需要抓住这一时间段尽量找到合适的人才，因此，面试官还需要主动搜索简历以寻找潜在的应聘者。这就进一步加大了简历筛选的压力，也使得简历的筛选需要足够快捷且有效。

可以看出，在招聘节奏非常繁忙和紧张的时期，面试官并没有太多时间去仔细阅读每一份简历，这时，就要能够在较短的时间内筛选应聘者的简历。在拿到一份简历后，并不一定要按照应聘者的简历内容顺序逐一阅读分析，可以有重点地看，并在看之前就决定先阅读什么，后阅读什么，这样能提高简历筛选的效率，具体可分三步走。

（1）看客观信息

应聘者的个人信息、教育背景、从业经历等基本信息都属于客观信息。面试官可将客观信息作为重点，主要看应聘者的客观信息是否符合岗位的硬性要求。比如部分岗位对应聘者的身高、专业能力、学历等有特殊要求，这时就重点看应聘者简历中的这三项信息。若硬指标不符合岗位要求，那么就筛掉。通过这一步，面试官可以初步筛选出符合基本要求的简历。

确定硬性指标时既要考虑岗位标准，也要考虑用人需求，在用人紧张、应聘者较少的时期，可以适当降低指标标准。对于用人标准比较严格的岗位，则不适用此方法。另外，面试官还要明确硬性指标之间的关系，是必须都达标才能作为应聘者，还是只需满足其中一个硬性条件即可。

（2）看主观信息

主观信息是指自我评价、兴趣爱好、性格评价、职业规划等信息。在阅读主观信息时，要看应聘者对自己的评价是否中肯、属实，如果主观信息与客观信息之间存在自相矛盾的地方，则说明该简历可能存在造假的嫌疑，对于不合逻辑、信息"含糊"的简历，面试官也可以筛掉。

一般来说，应聘者容易在个人能力、学历以及工作经历上造假，常见的表现有以下几种，面试官可以在筛选简历时注意识别。

①对个人能力水平、教育经历的描述含糊，如英语水平为"有较强的听读写能力"而不是写明取得四、六级证书。

②工作经历与自我评价描述不一致。

③简历中的时间要素有漏洞或不连贯，如工作时间为 2001—2002 年以及 2004—2005 年，中间出现过断层，且都以年为单位，没有写明月份。

④工作经历与个人取得的成绩或者与职位身份不相符。

（3）看突出优势

最后，面试官可以关注下简历中应聘者的突出优势，比如获得知名奖项、在知名企业任职、在工作上取得过成就等。在看应聘者的突出优势时，面试官可以重点看关键词，这样可以提高简历筛选的速度，如针对产品岗位，把做过产品专员工作、会 Axure 或 Visio 软件、负责过 ×× 产品项目等作为关键词，只要应聘者的简历中出现了这几个关键词，就说明该应聘者具备岗位胜任力。在筛选过程中，面试官要对简历进行分级，然后确定应聘者名单。表 1-6 为简历分级表。

表1-6　简历分级

层　级	结　果	内　容
A 级	高潜应聘者	简历优秀，可作为优先录用考虑，并在简历上做好标识，优先进行面试邀约
B 级	优秀应聘者	满足岗位胜任要求，且比其他应聘者有突出之处，可以邀约面试
C 级	合格	基本具备岗位胜任条件，可以进行电话沟通或面试，然后确定是否邀约到公司进行现场面试
D 级	淘汰	不具备岗位胜任条件，直接淘汰

1.4　面试前的筹备工作

　　面试是通过书面、面谈或线上交流的方式来判断应聘者是否符合岗位胜任要求的一个过程。面试让企业和应聘者能相互了解，使双方做出是否录用或受聘与否的决定。在正式开展面试之前，面试官要做好一定的准备工作，这样才能提高面试的有效性和准确性。

1.4.1　面试官的自我定位

　　面试前，面试官应做好自我定位，明确自身职责和所应发挥的价值，从而督促自己做好本职工作。在不同的企业中，面试官所扮演的角色可能会有所不同，其所承担的职能和责任也不同。

　　对于大多数中小企业来说，面试官一般由企业的人力资源专员担任，其不仅要负责基础的人力资源工作，还会负责行政后勤相关工作。另外，一些初创期企业可能会由业务经理、创始人来兼任招聘面试这一工作，不管承担招聘面试职能的是谁，面试官都应该有以下正确的认识。

（1）认识到人才招聘的重要性

面试官应该认识到人力资源对企业的重要性。当前企业的竞争也是人才的竞争，而招聘面试则是企业吸引人才的重要手段，这不仅关系到企业能否招聘到适合组织的人选，还影响着企业的人才储备和稳定运行。由此可见面试选拔的重要性。

在自我定位上，面试官可将自己定位为"战略伙伴"，明确工作的结果会影响组织的运作，从而站在企业的角度去思考人才标准，帮助组织提升人才素质和企业竞争力。

（2）认识到面试官能力水平的重要性

面试官的能力水平决定其能否识别出真正的人才，一名优秀的面试官必须具备人才理念，掌握面试的方法和技巧，这样才能帮助企业识别和引进人才。在自我定位上，面试官也要把自己定位为"辅助者"或"参谋"，通过专业的面试考核方法来准确识别应聘者与岗位的匹配性，为实现企业目标和成长发展贡献力量。

在不同的环节，面试官所扮演的角色是不同的，具体有以下几种价值定位。

①引导者：按照企业招聘标准和入职流程，引导应聘者完成面试并帮助已入职人才适应岗位工作。

②识人者：根据企业的需求和应聘者的特点，有针对性地开展招聘面试工作，提高招聘的成功率。

③辅助者：协助企业领导者、用人部门解决企业管理等问题，为他们的工作提供支持。

④决策者：做出人力资源相关决策，如录用、奖惩、晋升、解聘等。

⑤品牌传播者：代表着公司形象，帮助传递企业文化，塑造团队精神，提升品牌知名度。

1.4.2　面试官的形象管理

在招聘面试过程中，面试官的行为和形象会直接影响应聘者对企业的印象。从面试官的价值定位也可以看出，其是企业的"形象公关"，是企业展现品牌文化的一个窗口。

对应聘者来说，面试官是他们在企业接触的第一人，应聘者也会根据面试官的个人形象、语言及行为表现来决定是否选择该企业。一位优秀的面试官会在整个招聘面试过程中表现出专业性，让应聘者对企业留下良好印象。要做到这一点，首先就要注重个人形象的管理。

（1）服装管理

衣着形象属于外在形象，它可以影响应聘者对自己的认知。面试官的着装以得体大方、整洁舒服为宜，由于工作的专业性较强，为展现这种专业性，不建议穿颜色花哨、装饰多样的服装，另外，也要避免穿着暴露。可选择裁剪得体的套装，如男士可考虑"衬衣＋西裤"，女士可考虑"衬衫＋西服外套＋休闲裤"，这样的着装都能够增加职业感和专业感。

面试官如果能在面试中给人亲切之感，也能给应聘者留下良好的印象。一般来说，浅色更容易给人和谐、融洽之感。因此，在服装穿搭上，可参考选择白色、浅蓝色、浅灰色等浅色系服装，慎重选择大红大紫等饱和度过高的色彩。

当然，不同类型的企业，也可以根据公司类型、企业文化选择不同的着装，不一定都要穿着很正式的服装，最主要的是不违背企业要求，和企业文化相适应。

（2）仪容仪表管理

面试官也要注意对个人仪容仪表进行管理，得体的仪容会在一开始就给应聘者留下良好印象。这里的得体是指仪容仪表干净自然，面部有污垢、头发油腻，会给人一种邋里邋遢的感受。清洁卫生是仪容美的关键，这也是仪容仪表管理的基本原则。

（3）言谈举止管理

言谈举止应礼貌，体现对他人的尊重。在面试的过程中，如果面试官能够表现出和蔼可亲的态度，会让应聘者觉得有亲和感，也容易消除应聘者的紧张情绪。应注意避免做出不雅的动作，如挖鼻、掏耳等，另外，在言谈、形体、举止上表现出专业性、职业化，会给应聘者留下企业很可靠的心理感受。

1.4.3　面试场所的布置

人才面试大致会经历面试场所准备、资料准备、面试组织、面试过程控制和面试评估五个步骤，其中，准备面试场所是面试前的重要工作之一。准备面试场所时要考虑两个因素，噪声和光线。

面试场所要求安静不能被干扰，这样才能有效保证面试效果，一般选择相对独立的空间作为面试场所，如会议室、独立的办公室等，这样的空间不易被打扰，同时也有一定的私密性。

面试场所应该让应聘者感受到舒适，这有利于营造轻松融洽的气氛，因此，灯光不能过于刺眼或黯淡，保证面试场所有明亮柔和的照明。应聘者和面试官的对面都不宜有强烈的阳光直射，这会分散注意力。如果面试室因阳光直射导致光线太强，可以把窗帘适当地拉下来一点，遮挡部分直射光。

面试场所的布置可繁可简，但是干净整洁是基本要求。面试室座椅的摆放方式有很多种，从位置上来看，有以下几种摆放方式，不同的摆放方式可产生不同的面试效果。如果面试室的桌子是长方形的，常见的座位安排方式有图 1-4 所示的几种。

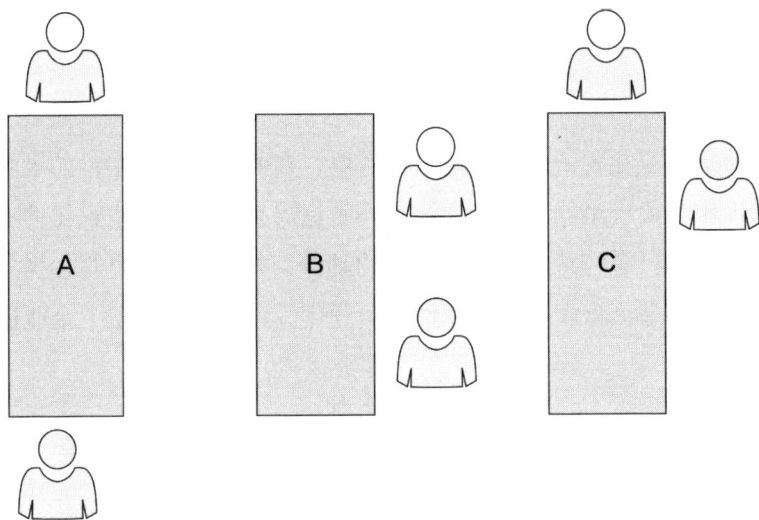

图 1-4　常见面试座位安排方式

以上是一对一面试常见的座位安排方式，A 座次表示面试官与应聘者面对面而坐，两者之间的距离较远，不利于交流。另外，面试官和应聘者很难避免目光直射，会让应聘者产生心理距离，容易营造严肃氛围，给应聘者带来心理压力，如果面试的对象是在工作中需要承受压力的职位，那么可以考虑此种座次，在面试中考察应聘者是否具有一定的抗压能力。

B 座次是面试官与应聘者并排坐在桌子的一侧，优点在于能够进一步拉近双方之间的距离，不容易给对方造成心理压力，但是这样的座次不利于观察应聘者的面试行为表现。一般来说，除非受限于面试场地，面试中很少采用这种座位安排方式。

C 座次是面试官与应聘者斜对角座，两者的位置相对较近，这样的座次避免了与应聘者直接的目光接触，可以使应聘者感到亲和平等，容易营造友好、融洽的氛围。这种座位安排方式在面试中更为常用。

以上三种座次各有利弊，面试官可以根据面试场所来灵活安排。比较好的位置安排方式是既与应聘者保持一定的距离，又避免给应聘者造成较大的心理压力。因此，面试中还可以考虑图 1-5 所示的位置安排方式。

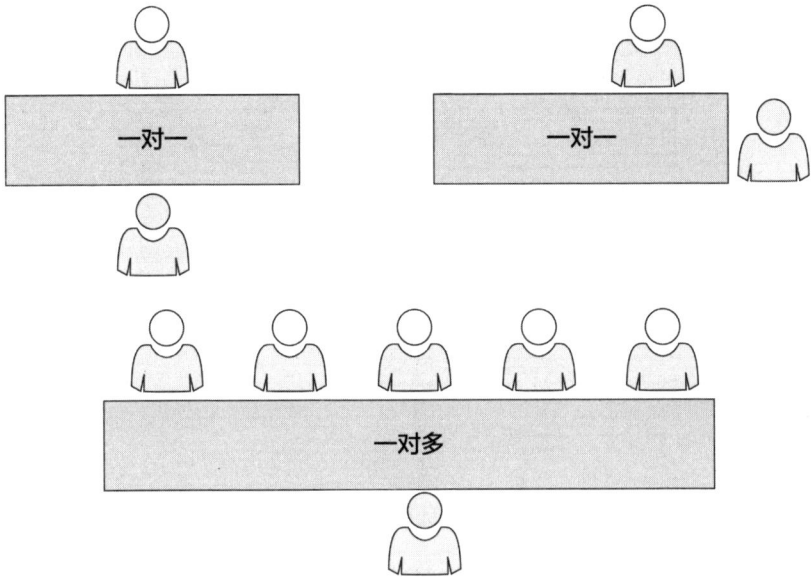

图 1-5　面试位置安排方式

　　除以上几种方式外，在进行位置安排时，还有图 1-6 所示的位置安排方式。

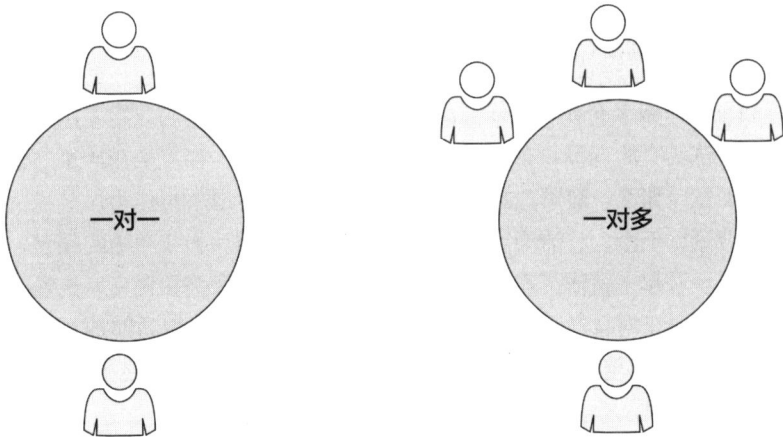

图 1-6　其他面试位置安排方式

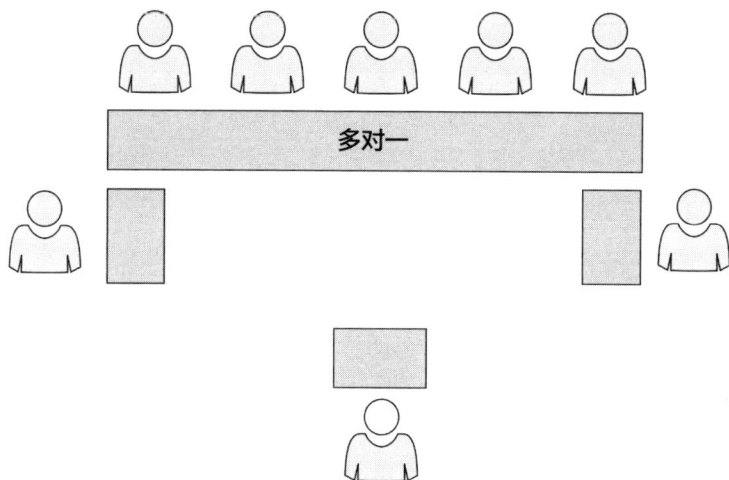

图1-6 其他面试位置安排方式（续）

面试过程中，如果发现位置的安排不利于观察应聘者的表情，或者面试的角度刚好与应聘者目光直射，使对方产生了紧张情绪，为了保证面试的效果，面试官可以通过调整椅子的角度来改变位置，以利于面试的有效开展。

知识扩展 **线上面试环境的布置**

目前也有很多企业采用线上面试的方式来进行人才招聘，线上面试同样要注意面试场所的选择和布置，以展现企业的专业性。如果是在居家办公期间开展面试，那么一般可选择明亮舒适、安静的客厅或书房作为面试场所，面试的背景以干净、整洁为宜，应避免背景有大面积反光或花哨的颜色，要让面试环境看起来整洁正式。线上面试要特别注意摄像头和麦克风位置的布置，摄像头应正对自己，不能过近，也不能过远，以便可以适时地与应聘者进行眼神交流，要避免出现"黑脸"的情况。另外，线上面试也要注重仪容仪表、言谈举止的管理，不能穿睡衣或居家服面试。

1.4.4 规范化招聘面试管理

为了招聘面试工作进行规范化管理，企业可以结合自身实际制定招聘面试管理制度，明确面试的形式、选拔的流程、面试的内容等，如下所示为某企业招聘面试管理制度，供借鉴参考。

范例解析 **企业面试管理制度**

为使公司的面试管理制度化、规范化，制定该项制度，有关应聘者面试事项，均按本制度的相关规定处理。

第一条　面试人员的确定

面试人员一般由人力资源部工作人员、用人部门主管、公司高管、外聘专业人员等人员担任，一个合格的面试官应具备如下条件。

1. 良好的个人品德。

2. 掌握相关的专业知识，至少在一个面试小组的知识组合上不应该存在缺口。

3. 熟练运用各种面试技巧，做到准确地对应聘人员做出判断的目的。

4. 面试官应对应聘者在面试中的表现做出客观、公正的评价，决不能因为某些非评价因素而影响了对应聘者的客观评价。

5. 具备初步的测评技术。

6. 了解企业状况和职位要求。

7. 面试官必须彻底地了解该招聘职位的工作职责和应聘者应该具备的学历、工作经历、性格与才能。

第二条　面试的组织部门

面试由人力资源部门负责组织，在面试前人力资源部门需要拟定日程安排、确定面试人员。

第三条　面试的形式

根据面试对象的多少，面试可分为单独面试和集体面试。

第四条　面试的内容

面试主要测定应聘人员适应职位要求的基本素质和实际工作能力，包括与担任职位有关的知识、经验、能力、性格和价值观等基本情况。可根据应聘者职位做相应调整和变通。

第五条　面试的实施

面试的实施主要有四个阶段，具体如下。

1. 导入阶段：营造良好的面试氛围，对应聘人员进行热情友好的接待，面试地点明亮、整洁、无干扰，以轻松的开场白开始面试。

2. 实施阶段：这是面试的核心阶段，对应聘人员进行多方面的考察。也是多角度对应聘者进行考察，主要考察其心理特点、求职动机、能力、综合素质等。

3. 结束阶段：进入面试的尾声，双方进行进一步的沟通。面试官检查有无遗漏需要从应聘者那里获取的相关重要信息；面试官就应聘者对公司感兴趣的话题做出回答；告知公司人员录用工作的下一步工作安排。

4. 评估阶段：对应聘人员在面试中的表现进行评估，为人员录用决策提供依据。

第2章

正确通知，提高面试邀约成功率

面试邀约是招聘面试的重要工作之一，其结果充满着随机性和不确定性，面试邀约过程中常常会遇到一些问题，如筛选的应聘者等到邀约时已经入职了；应聘者无故放鸽子；面试邀约无法吸引应聘者等。面对以上问题，面试官要学会运用一些方法和技巧来提高面试邀约的成功率，从而为企业增加选择人才的机会。

2.1 面试邀约的三大流程

面试邀约就是邀请应聘者前来公司参加面试，其工作的结果会直接影响面试人数的到场率以及招聘的效果。作为公司的面试官，要明确面试邀约的基本流程。

2.1.1 电话邀约前的准备工作

电话邀约是面试邀约的主要方式，在正式开始电话邀约前，要先做好电话通知的准备工作，这样才能提高邀约的有效性和成功率。那么电话邀约前要做好哪些准备工作呢？具体包括以下三项。

（1）明确电话邀约的目的和原则

面试官要明确电话邀约的目的和原则，这样才能清楚电话邀约的要点，让招聘工作顺利进行下去。

①电话邀约的目的：通过电话邀约可以让双方有一个初步的认识，对应聘者来说，他们可以在电话沟通过程中了解公司以及工作岗位的基本信息。对面试官来说，则可以了解应聘者的意向，如是否对岗位工作感兴趣，是否愿意来公司面试等。所以，电话邀约的主要目的就是了解应聘者的求职需求并完成邀约工作。

②电话邀约的原则：面试官要本着真诚、不欺瞒、不轻易承诺的原则来开展电话邀约工作。有的面试官可能会为了提高邀约成功率，而不肯如实告知应聘者公司的真实信息，比较常见的有虚报薪资待遇、隐瞒岗位的某些特殊要求等，这样的电话邀约只会浪费双方的时间和精力，不利于招聘工作的开展。

（2）基本信息的整理

电话邀约过程中，应聘者也会询问一些自己比较关心的问题，主要是关于公司、工作岗位的问询，比如公司的优势、岗位的工作职责、薪酬等。因此，面试官要整理与工作岗位相关的一些基本信息，以便于在与应聘者进行交流的过程中能更好地答疑。如果在电话交流的过程中不能很好地作答，只会让应聘者对公司和面试官的专业性产生怀疑。

具体来看，面试官需要提前准备并熟悉两方面内容，一是公司基本信息；二是与职位有关的信息，如以下一些信息：

①工作内容：不同岗位工作内容有所不同，可结合岗位说明书来详细了解。

②工作地点：部分岗位有其特殊性，可能存在工作地点不固定或者工作地点与招聘启事上的单位地址不一致的情况，每个岗位具体的工作地点需要明确。

③工作时间：目前，我国有标准工时制、综合计算工时制、不定时工时制三种工时制度，面试官需要清楚岗位采取的是哪种工时制度。

④试用期限：试用期是公司对劳动者是否合格进行考核，劳动者对用人单位是否符合自己要求进行考核的期限，不同岗位试用期限有可能不同，面试官应了解岗位具体的试用期限。

⑤培训机会：培训机会是很多应聘者都比较关心的问题，特别是比较注重职业发展的应聘者。

⑥薪资报酬：薪资报酬可能不会在电话沟通中详谈，但很多应聘者也会主动问询，面试官应清楚岗位具体的薪酬体系。

⑦福利待遇：福利待遇也是大部分应聘者普遍关心的问题，公司能够提供哪些基本福利待遇、不同岗位又有哪些特殊的福利，这些信息都需要提前整理好。

⑧交通情况：整理公司的具体地址、周边的交通情况和路线，这可以为不熟悉路线的应聘者提供便利。

⑨公司简介：包括公司名称、地址、成立时间、主营业务、公司优势等基本信息。在电话沟通中展现本单位的优势，在一定程度上可以提高邀

约成功率。公司优势可以是企业文化、福利待遇、工作环境、工作氛围等。

（3）应聘者的基本信息

既然要对应聘者发出面试邀约，那么面试官就要掌握应聘者的基本信息。在不同的招聘方式下，面试官所获取的应聘者信息的详略程度可能会不同。一般来说，主动投递简历的应聘者，简历中的信息会比较完整详细；以简历搜索的方式筛选的应聘者，能够掌握的信息主要是应聘者的基本信息，应聘者个人的求职意愿、在岗状态可能无法准确掌握；员工内推、转介绍等方式找到的应聘者，相对来说也能够掌握较为详细的信息。

无论应聘者来源于哪一招聘渠道，面试官都要掌握以下一些必要信息，包括应聘者姓名、学历、工作经验、联系方式等，避免在电话邀约时搞错应聘者信息。

2.1.2 面试邀约的有效通知

做好准备工作后就可以开始面试邀约了，面试邀约的通知方式有电话通知、邮件通知、短信通知、微信通知等。

（1）电话面试邀约通知

电话通知即打电话通知应聘者来公司面试，作为面试官在进行电话通知时要表现出专业性，并给应聘者留下良好的印象，这有助于提高面试邀约的成功率，电话通知要注意以下几点。

①邀约时间选择：通过电话进行面试邀约要选择恰当的时间，一般来说，可以选择工作时间内进行面试邀约，如 9:00 ～ 10:00、11:00 ～ 12:00、16:00 ～ 18:00，不要在休息时间进行电话邀约。在简历筛选环节，若对应聘者划分优先等级，那么优先级高的应聘者最好先进行电话邀约，同时记录下应聘者的面试意向。

②通话环境选择：电话通知面试要选择安静的环境，避免在嘈杂的地

方进行邀约，以免影响电话沟通的有效性，在安静的环境下进行电话邀约可以确保双方都能听清楚，在电话沟通的过程中可以记录下要点，如应聘者的态度、意向度等。

③电话邀约的语气：电话邀约面试要注意语气和态度，用语礼貌、态度亲和能大大提高面试邀约的成功率。电话邀约时，语速不宜过快，但也不能过慢，正常的说话语气即可，保证口齿清晰，语调轻松自然。

④确认应聘者身份：电话邀约面试也可能出现拨号错误的情况，因此要对应聘者的身份进行确认，如"您好，是××吗？"待对方作出肯定回答后再进行面试邀约沟通，若对方回答"不是""你打错了"，礼貌地挂断电话即可。

⑤确认电话接听是否方便：电话邀约面试不会十几秒就结束，因此，在确认对方身份后还是询问应聘者是否方便接听电话，若方便接听再进行正式的面试邀约，若对方不方便接听可询问什么时候接听电话方便，然后换个时间进行电话邀约。

⑥面试约见：面试约见是电话邀约的重要环节，在该环节要告知应聘者面试的时间、地点，如果能提供乘车路线，那么尽量提供，这样能让应聘者感受到公司的贴心，从而提升好感度。

⑦电话邀约时间控制：电话邀约也要控制好时间，时间不可太长，但也不能十几秒就结束，一般来说 5 分钟以内比较好，在电话邀约过程中可以询问应聘者一些问题，如求职意愿、岗位意向、住址离公司远近等，同时，应聘者也会询问一些问题，方便作答的可以回答，一两句话说不清楚的可以回答面试时再详聊。

⑧礼貌的结束：约见面试后要礼貌的结束通话，如"我们明天见，如果找不到面试地点可以拨打这个电话""轻准时参加面试，谢谢，再见"。

（2）邮件面试邀约通知

邮件面试邀约常常会和电话通知结合起来使用，在电话邀约结束后向应聘者发送通知邮件。邮件通知主要包括以下内容：

①面试事宜。这是邮件面试邀约的必要内容，包括面试的地点、时间以及要携带的作品、简历等。

②联系方式。具体的联系方式，包括联系人、联系电话、联系邮件等，以便于应聘者找不到面试地点时，或到达公司后方便联系。

③公司信息。邮件中一般要写明公司信息，公司信息可详可简，一般包括公司名称、官网、公众号以及简介等。

④招聘职位。向应聘者发送面试通知邮件，根据类型的不同也分为两种，一种是应聘者主动投递了简历；另一种是通过主动搜索的方式筛选出简历。如果应聘者主动投递了简历，那么可以不用在邮件中说明招聘职位；如果是主动搜索简历，那么最好在邮件中写明招聘职位，以让应聘者判断自己是否适合或者中意该岗位。

⑤交通方式。如公交车站、地铁站、周边建筑等，写明交通方式可以便于应聘者顺利到达面试地点。

⑥回复方式。为便于确认应聘者是否收到了面试邀约邮件，以及是否有意向到公司面试，可以在邮件中说明回复方式，如不能准时到达请致电人事部或直接回复邮件告知；接受面试请直接回复邮件告知，谢谢。

邮件通知面试要注意邮件格式，同时要注意审核邮件内容是否有错别字、时间地点是否有误等，常见的邮件邀约通知格式如下所示。

范例解析 邮件面试通知示例

面试通知

_____，您好！我们收到您的求职简历，很高兴地通知您已经通过我公司的初步筛选，特邀请您前来参加我公司组织的首轮面试，面试时请带上简历及相关作品，具体安排如下。

面试时间：

面试地点：

面试岗位：

交通路线：

…………

××××××公司人力资源部

××××年××月××日

上述面试通知邮件写明了面试的重要事项，根据实际情况还可以在邮件中加入其他必要事项，如面试形式、注意事项等。

（3）短信面试邀约通知

通过短信通知面试也是一种常用的邀约方式，与邮件通知不同，短信受字数限制，其内容通常比较简洁明了，内容也不会过于复杂，主要说清楚面试时间、地点即可。

范例解析 **短信面试通知示例**

示例 1

×××，您好，恭喜您通过 ＿＿＿＿＿ 校园招聘简历筛选环节，进入面试阶段。本次面试采用在线面试的形式，预计于 ＿＿＿ 月 ＿＿＿ 日开展。请您提前预留时间，确认参加请于 ＿＿＿ 月 ＿＿＿ 日 12:00 前回复"姓名＋参加"，放弃参加请回复"姓名＋放弃"。感谢您的配合，祝面试顺利！

示例 2

×××，您好，恭喜您通过 ＿＿＿＿＿ 招聘笔试环节，现邀请您参加在线视频面试环节。面试时间：＿＿＿＿ 年 ＿＿＿ 月 ＿＿ 日 ＿＿：＿＿（北京时间），具体面试安排及要求请查看邮件。请在 ＿＿ 月 ＿＿ 日 22 点前点击 ＿＿＿＿＿＿ 回复确认是否参加，过期回复视为自动放弃（若未收到邮件，请联系我们 ＿＿＿＿＿）。

示例 3

×××先生／女士：

您好，＿＿＿＿ 公司通知邀请您来面试 ＿＿＿＿＿ 职位。面试时间：＿＿＿＿ 年 ＿＿ 月 ＿＿ 日 10:00，面试地点：＿＿＿＿＿＿＿。来时请携带您的个人简历、学历证明。

咨询电话：＿＿＿＿＿＿

从上述示例可以看出，短信面试通知的内容也可以有多种形式，主要是写清楚面试时间、地点、联系方式，另外，还可以添加温馨提示、公交路线等内容，这能让应聘者感到温暖，从而提高面试邀约成功率。

（4）微信面试邀约通知

微信是重要的沟通工具之一，现在很多应聘者也习惯于通过微信与面试官进行面试前的沟通。因此，面试官也可以通过微信向应聘者发起面试邀约。通过微信发送面试通知也不能随意，要体现专业性，关键信息一定要明确，包括应聘的公司、面试时间、面试地点以及特殊要求等。

通知内容可以与短信通知类似，微信发送面试通知时一定要先确定对方的时间及意向，确定意向和面试时间后，再发送邀约通知。

2.1.3　复试通知不能少

因岗位的不同，部分岗位可能会经历笔试、初试、复试等环节，应聘者若通过初试进入了复试环节，面试官要发出复试通知。复试也可以采用电话、邮件、短信和微信这几种通知方式，复试通知同样要明确面试地点、时间，由于应聘者已经经过了初试，因此可以在通知中表示祝贺，然后再说明面试具体事宜，下面来看几个复试通知示例。

范例解析 **复试通知示例**

电话复试通知示例

请问是 ×× 先生 / 女士吗？我是 ×× 公司 HR。

很高兴通知您，您已通过公司初试，请于 ＿＿＿ 年 ＿＿＿ 月 ＿＿＿ 日 ＿＿＿:＿＿＿ 到公司参加复试。复试地点：＿＿＿＿＿＿＿＿＿＿＿＿，届时请携带 ＿＿＿＿＿＿＿＿ 准时参加。

邮件复试通知示例

×× 先生 / 女士：

恭喜您顺利通过了我公司初试，为了彼此进一步的了解，现通知您于

___ 年 ___ 月 ___ 日 ___：___ 到 _____ 公司参加复试，复试时请携带 _____ 资料准时参加。

如因故不能按时到达，请事先以电话与 ___ 先生（女士）联系，电话：_____

复试地址：_____

联系人：_____

联系电话：_____

×××××× 公司人力资源部
×××× 年 ×× 月 ×× 日

短信复试通知示例

___，您好，经过企业初试筛选，您符合公司初期的标准和条件，特邀您于 ___ 年 ___ 月 ___ 日 14:00，到 _____ 公司人力资源部门，参加复试，如果复试通过，将可在下个礼拜一正式工作，地址：_____，咨询电话：_____，收到请回复，谢谢！

上述范例列举了电话、邮件和短信复试通知示例，可以看出复试通知的内容与初试通知有相似之处，主要是与应聘者约定好复试的时间、地点，如需要应聘者携带资料，则说明需携带哪些资料，如学历证明、资格证书等。

2.2　面试邀约环节这样做

在面试邀约环节有很多事项需要面试官注意，这一环节会对应聘者是否来公司面试产生影响。为提高面试邀约的效果，面试官要认真对待每一次邀约，促进面试成功推进。

2.2.1　向应聘者表明身份

不管是电话邀约、邮件邀约还是短信邀约，在对方不清楚我们是谁前，都要向应聘者表明身份，即自报家门。以电话邀约为例，在接通电话后，首先要告诉应聘者我们是谁，让对方清楚我们是哪家公司，因为应聘者可能同时投递了多份简历，若是主动筛选简历并发出电话邀约，更要在电话中告知我们的身份，以让应聘者对我们产生信任感。下面来看看常见的表明身份的开场方式。

范例解析 **电话邀约面试开场方式**

①您好，我是××公司人事经理，请问您是××吗？

②您好，我们是××公司，收到了您在××招聘平台/人才网站投递的简历，请问您是否正在求职呢？

③请问是××吗？这里是××公司，我们收到了您在××招聘网站投递的简历。

④您好，请问您是××吗？我们是××公司人力资源部的，您现在方便接听电话吗？

⑤您好，请问是××吗？我们是××公司，在××招聘网站看到了您的简历。

第一次的电话面试邀约是很重要的，上述几种电话邀约开场方式都向应聘者表明了身份，这能让应聘者知道我们是谁，是做什么的，从而给应聘者留下良好的印象。

2.2.2 确定应聘职位并发起邀约

在电话面试邀约过程中，还要与应聘者确认应聘职位，具体分为两种情形，一是主动者，二是被动者。主动者是指主动投递简历的应聘者，被动者是指搜索简历或猎头招聘。

（1）主动者

若应聘者向公司主动投递了简历，那么该应聘者对公司会有一定的了解，同时也有明确的求职意向，因此，这时的面试邀约可以侧重于"约"，先向应聘者确认求职的岗位，然后与其约定面试时间、地点等事宜。下面来看一个应聘者主动投递简历的电话面试邀约对话示例。

范例解析 主动投递简历电话邀约对话示例

　　面试官：您好，请问是 ×× 吗？

　　应聘者：是的，请问您是？

　　面试官：您好，我是 ×× 公司人事经理，请问方便接听电话吗？

　　应聘者：您好，方便。

　　面试官：您在 ×× 招聘网站向我们公司投递了简历，是应聘 ×× 岗位，您还记得吗？

　　应聘者：哦哦，记得。

　　面试官：请问您现在找到合适的工作了吗？

　　应聘者：还没有。

　　面试官：经过初步审核觉得您比较适合我们公司，想邀请您参加面试。我们公司的地址是 ××××，您看明天上午 ×× 点方便来面试吗？

　　应聘者：嗯，好，明天这个时间没问题。

　　面试官：您可以乘坐 ×× 到 ×× 站，我们公司就在旁边。

　　应聘者：好的，谢谢你。

　　面试官：稍后我会将面试信息发送到您的邮箱 / 电话，请注意查收，如果您临时有事无法参加面试，请提前打这个电话联系我们。

　　应聘者：好的，感谢您。

　　面试官：请问您还有什么疑问或者想了解的吗？

　　应聘者：没有了，谢谢。

　　面试官：那我们明天见，祝您愉快，再见。

　　针对主动投递简历的应聘者，在电话中向应聘者确认求职意向后就可以发起面试邀约，电话沟通过程中注意描述清楚公司名称、地址和时间，在此过程中，应聘者可能会询问面试形式、岗位类型、是否需要携带简历、面试官的职位、着装要求等，只需根据实际情况灵活作答即可，在确认应聘者没有其他问题后，就可以礼貌地结束通话了。

（2）被动者

针对被动者，在电话邀约过程中可侧重于"邀"，此类人员的求职意向并不明确，对公司也不了解，因此，电话沟通时不仅要确认其求职意向，还要简单介绍公司、职位等，使被动者产生兴趣，这样才能提高面试邀约成功率，下面来看一个范例。

范例解析 网络搜索简历电话邀约对话示例

面试官：您好，请问是 ×× 吗？

应聘者：是的，请问你是？

面试官：我是 ×× 公司的人事经理？我在 ×× 网站看到您的应聘简历，请问您现在还在找工作吗？

应聘者：还在找工作。

面试官：我们公司创立于 ××××，是一家 ×××× 公司，主营业务是 ××。这边正在招 ×× 岗位，从您的简历来看，和我们所招聘的岗位很匹配，想约您明天上午 ×× 点到公司当面沟通，同时您也可以对公司做进一步了解。

应聘者：可以简单介绍下岗位和工作时间吗，对这个岗位不是很了解？

面试官：这个岗位的主要工作内容是 ××，工作时间 ×× ~ ××，工作环境 ××。

应聘者：这个岗位多久可以转正呢？

面试官：根据试用期的表现，一般 3 个月之内可以转正。

应聘者：明白了。

面试官：请问您还有什么想了解的吗？

应聘者：暂时没有。

面试官：我这边稍后将公司名称和准确地点发送到您的邮箱（以短信方式发送到您手机），请注意查收，有任何问题可随时与我联系。

应聘者：好的，谢谢。

面试官：再见，请注意查收邮件 / 短信。

范例解析 **猎头招聘电话邀约对话示例**

猎头：您好，请问是 ×× 吗？

应聘者：是的，我是。

猎头：您好，我是 ××× 公司招聘顾问 ××。

应聘者：您好。

猎头：我在 ××× 招聘网站上看到您更新了简历，从简历上看，您过往一直从事 ××× 工作，请问您最近有关注 ××× 岗位吗？

应聘者：最近有关注。

猎头：这次打电话给您，是因为 ××× 公司正在招聘 ××× 岗位，与您的简历相符，想和您做一次简单的沟通。请问现在方便讲话吗？

应聘者：方便，您说。

猎头：从简历中了解到您还是在职状态，您当前有换工作的打算吗？

应聘者：我正在考虑换工作。

（针对公司、岗位、职业目标、福利、上班地点等进行沟通，视具体情况进行灵活地沟通交流）

猎头：通过刚刚的电话沟通，初步了解到了您的情况，您的工作经历符合该岗位要求，想约您到公司做进一步沟通。您看 ×× 月 ×× 日，×× 点可以吗？

应聘者：好的，没问题。

猎头：公司的具体地址是 ××××，请您来时携带 ×××。我一会儿会将具体地址发送到您的手机，请注意查收。

应聘者：好的，谢谢。

在对应聘者进行面试邀约时，电话沟通的过程也是双方互相了解的过程，面试官可以先介绍公司，如行业优势、公司实力、主营业务、创立时间等，使应聘者对公司产生兴趣。然后要告知应聘者拟招聘的岗位，以了解应聘者的求职意向，如果应聘者对该岗位感兴趣，一般会继续询问其他问题，若不感兴趣通常会礼貌拒绝。

在电话沟通过程中，也可以就应聘者的简历信息进行简单沟通，如工作经验、学历，双方进行有效沟通后，就要做好"约"这一步，向应聘者确认面试地点、面试时间，确认完面试事宜后，礼貌结束通话。

实际进行电话邀约时，并没有固定、标准的模板，面试官只需根据实际的沟通情况发起邀约即可，沟通中不能只注重宣传公司，而忽略应聘者的感受，同时也要注意倾听应聘者的问题以及作答。对公司、职位、薪酬福利、发展前景等进行介绍时，只需用简洁概括的话语进行描述即可，双方深入了解还是要放在面试面谈阶段。

在电话沟通结束后，可以邮件或短信方式向应聘者发送面试邀约通知，告知对方面试时间、地点、公司名称、路线、联系方式等，以便应聘者有不明之处时可通过电话进行咨询。

2.2.3　确认邀约发出邀请函

在确认应聘者可以参加面试后，向应聘者发送一封邀约函也是很重要的，这能让应聘者感受到公司的诚意，同时也能让应聘者再次确认面试关键信息，提高面试邀约的到试率。不发送短信或邮件通知，很容易导致应聘者不记得是哪家公司邀请了面试以及面试的具体地址，下面来看两个初试邀请函范例。

范例解析 **面试初试邀约邀请函**

模板一

×××先生 / 女士：

您好！我们是 ＿＿＿＿＿＿＿ 公司 ＿＿＿＿＿ 部，首先感谢您答应我们的邀请前来面试，我们初步认为您具备的素质与我们的招聘需求相吻合，特邀请您参加面试。

面试时间：＿＿ 年 ＿＿ 月 ＿＿ 日 ＿＿＿＿ 点 ＿＿＿＿ 分（如有变更，请提前沟通）

面试地址（即公司地址）：＿＿＿＿＿＿＿＿＿＿＿＿＿＿＿

乘车路线：【公交站】＿＿＿＿＿＿＿＿＿　【地铁站】＿＿＿＿＿＿＿

联系人：＿＿＿＿＿＿＿＿＿

联系电话：＿＿＿＿＿＿＿＿＿

模板二

×××先生/女士：

您好！

我司在 ＿＿＿＿＿＿ 招聘平台上看到您的简历，认为您非常适合公司的职位要求，特向您发送面试邀约，希望可以跟您有一个面对面的沟通。

届时请带上 ＿＿＿＿＿＿＿ 准时参加。如有任何问题可随时与我联系！谢谢！

面试职位：＿＿＿＿＿＿＿

面试时间：＿＿＿＿＿＿＿

岗位要求：＿＿＿＿＿＿＿＿＿＿＿＿＿＿＿

公司官网：＿＿＿＿＿＿＿＿＿

微信公众号：＿＿＿＿＿＿＿

岗位薪资福利：

（1）薪资 ＿＿＿＿＿＿＿＿＿＿＿＿＿＿＿＿＿＿＿；

（2）福利 ＿＿＿＿＿＿＿＿＿＿＿＿＿＿＿＿＿＿＿；

（3）工作时间 ＿＿＿＿＿＿＿＿＿＿＿＿＿＿＿＿＿；

（4）晋升空间 ＿＿＿＿＿＿＿＿＿＿＿＿＿＿＿＿＿；

（5）工作环境 ＿＿＿＿＿＿＿＿＿＿＿＿＿＿＿＿＿。

如不能准时到达请致电人事部：＿＿＿＿＿＿＿＿ 或直接回复邮件告知，以便我们重新安排面试时间。谢谢配合！

具体联系方式如下：

面试地址：＿＿＿＿＿＿＿＿

温馨提示：附近建筑 ＿＿＿＿＿＿＿

公交车站：＿＿＿＿＿＿ 站

地铁站：＿＿＿ 站 ＿＿＿ 出口

联系电话：＿＿＿＿＿＿＿＿

＿＿＿＿＿＿＿（公司名称）期待您的加入！

＿＿＿＿＿＿＿人力资源部

日期：＿＿＿＿＿＿＿＿＿＿

面试邀请函可以短信或邮件的方式发送，其格式和内容也没有固定模板，可简可详。针对主动投递简历者，邀约函内容可以简洁点，对于被动搜索简历者，邀约函内容可以丰富点，向应聘者简单介绍公司和岗位概况，部分内容也可以借助图片、链接等形式加以说明，如公司网址、团队建设照片，加深应聘者印象，也让应聘者对公司有一个全面的感知。

2.3　面试邀约沟通技巧

在面试邀约环节，沟通是很重要的，会直接影响应聘者对公司的印象，从而进一步影响邀约成功率。掌握一定的面试邀约沟通技巧，能够帮助面试官更好地与应聘者进行邀约沟通。

2.3.1　如何更好地介绍公司

在面试邀约过程中，很多应聘者都会询问公司的大概情况，针对简历搜索者还要主动向其介绍公司。介绍公司是一个自我营销的过程，如果公司能够对应聘者产生吸引力，那么顺势进行面试邀约，成功率会高很多，大部分应聘者很难对毫无亮点和优势的公司产生兴趣，有的应聘者甚至会直接拒绝面试。

为保证在电话沟通中能顺畅地介绍公司，面试官要提前做好准备，做好公司优势分析，包括公司的工作时间、地理位置、工作环境、福利待遇等。电话沟通中，一般没有太多时间对公司做详尽的介绍，因此，只需突出优势即可，以促使应聘者到公司进行面试。面试官可以从以下方面来突出公司优势。

①企业背景：如公司是专注服务于××××行业的公司，成立于××××年，目前拥有××、××、××等多个业务板块。

②地理位置：如公司交通便利，有公交、地铁，周边有商区，上下班

通勤方便，离应聘者住址近。

③发展前景：如行业未来发展前景良好，公司在市场环境中占有竞争优势，处于领先地位等。

④升职空间：公司提供岗位晋升渠道，目前正处于初创期，个人发展空间大，机会多。

⑤企业文化：如公司有完善的管理制度，追求卓越，注重创新，团队氛围好。

⑥公司福利：如提供全勤奖、绩效奖金、年终奖金、节日礼品、带薪年假等福利。

⑦工作环境：公司为员工提供舒适的工作环境，并配置电脑、座机等办公设施，公共区域配备茶水间、员工活动室等。

不同公司的优势会有差异，面试官只需结合公司实际情况向应聘者简单介绍公司优势即可，如下所示为公司优势介绍示例，供借鉴参考。

范例解析　公司优势介绍示例

示例 1

我们公司创立于 _____ 年，是一家 _____ 公司，公司集 ___、___、___、___ 业务于一体，为客户提供 _____ 产品。

示例 2

我们是一家初创型公司，团队年轻有活力，职位晋升空间大，公司属于 _____ 行业，发展前景好。

示例 3

我们公司从事 _____ 产品生产已有 _____ 年时间，在国内保持领先，业务范围覆盖 _____、_____、_____ 地区。

示例 4

公司重视人才培养，拥有先进的人才激励与管理制度，为员工提供晋升平台，秉持"_____，_____"的人才理念。

示例 5

公司是 _____ 集团，致力于 _____，主要业务版块是 _____，与 _____、_____、_____、_____ 建立了合作关系。

面试官可以梳理公司优势，找出应聘者比较关心的几点，在面试邀约过程中重点介绍这几点，以打动应聘者。一般来说，应聘者普遍关心公司实力、职位发展前景、薪酬福利等。

2.3.2 清楚表述招聘岗位内容

岗位具体情况是应聘者普遍比较关心的，在电话邀约过程中，面试官要向应聘者表述清楚招聘内容，包括招聘的岗位是什么、工作职责、岗位优势等。通过对招聘岗位的介绍，应聘者可以做一个简单的评估，评估自己是否适合该岗位，以及是否有意向从事该岗位工作。

面试官可以结合岗位说明书向应聘者介绍岗位内容，在介绍岗位的过程中，要留意应聘者的反应，了解应聘者是否对岗位感兴趣。在沟通过程中，应聘者可能会询问以下关于岗位的内容。

①岗位的具体工作内容？

②岗位的工作职责？

③岗位的晋升空间？

④岗位所属部门、直接上级？

⑤岗位的工作时间长短？

⑥岗位薪资大致是多少？

⑦岗位福利情况？

⑧岗位加班、出差情况？

以上问题都是与岗位有关的，大部分应聘者在接到电话面试邀请后，都会针对岗位工作情况进行提问，应聘者能从这些信息中判断是否要去参加面试。面试官一定要熟悉拟招聘岗位的工作内容、薪资、职责等，如果在应聘者询问时支支吾吾，或者无法作答，很容易让其产生"公司不专业""这

个公司不行"的印象。岗位沟通也有很多技巧，表 2-1 所示为一些可以提
升应聘者对公司好感度的方法。

表 2-1　岗位沟通技巧

技　巧	示　例
适当称赞	示例 1：我看您在前一份工作中完成了很高的销售额，个人业绩也很突出，我们公司正需要您这样的人才 示例 2：简单聊过以后，觉得你各方面都很优秀，你也取得了 ×× 证书，对于有 ×× 证书公司会优先考虑，应聘成功率会更高
岗位匹配度	示例 1：看了您的简历，您之前从事过 ×× 工作，和我们这个岗位是很匹配的，来我们公司上手会很容易 示例 2：×× 人力资源公司向我们推荐了您，您的条件很符合我们公司岗位的招聘要求
指出岗位优势	示例 1：这个岗位的工作性质属于文职岗，工作强度不大，工作相对更稳定 示例 2：该岗位提供业务津贴和高业绩提成，公司提供持续的培训提升和畅通的晋升渠道
消除疑虑	示例 1：正式入职后，公司会进行岗位培训，能够让您更好地适应新工作环境 示例 2：这个岗位薪资按等级划分，每 3 个月会进行调薪，关键要看个人能力，收入与工作付出成正比的

2.3.3　根据简历信息有针对性地进行沟通

面试邀约过程中也可以针对应聘者的简历信息进行沟通，在该过程中
可以对应聘者的简历进行确认，同时，也可以进一步获取需要的信息，拉
近彼此的距离，简历沟通可以从以下方面入手。

（1）工作经历

求职简历中一般都会写明工作经历，面试官可以针对应聘者的工作经
历提出问题，如离职原因、过去的业绩表现等，从侧面了解应聘者是否适
合招聘岗位。如果应聘者的简历比较优秀，也可以从工作经历的角度适当
给予肯定，这可以拉近与应聘者之间的距离，如下所示为提问示例。

范例解析 询问应聘者工作经历

示例 1

从简历中看到您上一份工作是新媒体运营，方便说一下运营的是哪类账号吗？

示例 2

我看到您的简历中写到上一份工作做了××年，今年××月离职的，方便说一下离职原因吗？

示例 3

我们目前正在招聘销售岗位，看了您的工作经历，之前也是从事销售工作，请问您最近关注×××岗位吗？

示例 4

你的工作经历很丰富，在工作期间也取得了×××职业资格证书，你的专长与我们所招岗位很匹配。

在面试邀约中与应聘者就工作经历进行沟通是比较灵活的，具体还是要结合应聘者的简历情况进行沟通。

（2）求职意向

在个人简历中很多应聘者也会写明求职意向，包括意向行业、岗位等，在面试邀约阶段可以进一步了解对方的求职意向是否与公司招聘需求相符，如果不相符可礼貌地结束通话，如果相符可作进一步沟通，如下所示为示例。

范例解析 了解应聘者的求职意向

示例 1

我们正在招聘×××岗位，您目前有从事×××工作的打算吗？

示例 2

您在×××招聘网站上申请的是本公司的销售业务员，现在还愿意尝试相关岗位工作吗？

示例 3

从简历上来看，您与我们工作目前招聘的平面设计师职位很相符，但简历上显示您并未离职？

示例 4

请问，×××，您现在是离职状态还是在职状态？

（3）电子邮箱

结束面试邀约后，一般要向应聘者发送面试邀约函，如果以邮件形式发送邀约函，那么在结束通话前还要向应聘者确认简历上的邮箱，以确保应聘者能够收到面试通知。

2.3.4　做好面试时间的约定

在确定应聘者的面试意愿后，就会进入到面试时间约定环节，该环节是比较重要的，其中也有一些技巧。

①为提高面试邀约的成功率，面试时间不宜定的过死，一般要向应聘者留出一个时间区间，另外，也可以提供一两个时间供应聘者选择，以免应聘者因时间不合适而放弃面试。

②面试的时间段可以宽泛些，如 9:00 ～ 11:00，13:00 ～ 18:00，但面试的日期不很含糊，要讲明是几月几日。

③当有多位应聘者在同一天参与面试时，要注意合理安排好面试时间，切勿让应聘者等待过久。有的应聘者可能会耐心等待，有的应聘者可能会因为有其他安排而离去，因此，在面试邀约过程中要合理安排好面试时间段。

④面试时间不宜定得太近，但也不能太远，如 10:00 打电话邀约应聘者，让其当天 11:00 来公司面试，这就属于面试时间安排过近，应聘者准备会很匆忙。如果将面试时间安排在电话邀约的 7 天之后，就属于时间定得太远，应聘者容易忘记面试时间，也可能在此时间段已经找到工作了。一般情况下，将面试时间定在邀约后的 1 ～ 3 天会比较好，这样应聘者既有时间做好充足的安排，也不会因为间隔时间过长而忘记面试。

⑤在与应聘者确定好面试时间后，最后重复一下面试时间，使双方就

面试时间达成心理契约，必要时可发送短信、邮件，并提醒应聘者查看。

下面来看看面试时间约定的一些谈话示例。

范例解析 与应聘者约定面试时间示例

谈话示例 1

面试官：请问您明天 10:00 有时间过来面试吗？

应聘者：哦，有的。

面试官：那我们明天 10:00 见，稍后给您发送一条短信，请注意查收一下，如果有不清楚的可以随时与我联系。

应聘者：好的，没问题。

谈话示例 2

面试官：您看 8 月 29 日能来我们公司面试吗？同时您也可以对我们公司做进一步了解。

应聘者：不好意思，当天刚好有其他事情。

面试官：我们公司在 8 月 30 日和 31 日都会进行招聘面谈，你可以选择方便的日期前来面试。

应聘者：8 月 31 日可以的。

面试官：那好，请您于 8 月 31 日 13:00 ～ 15:00 前来参加面试，你看可以吗？

应聘者：可以的。

面试官：稍后我会将注意事项发送到您的邮箱，请您注意查收。您的邮箱是 ×××，对吗？

应聘者：是的，没错。

面试官：如果临时有事急需处理，请一定提前告知。

应聘者：好的。

谈话示例 3

面试官：这边对您的简历进行了初审，刚也和您聊了一些与岗位相关的内容，觉得您比较符合公司招聘岗位的需求。想跟您约一个时间，到公司做进一步交流。

应聘者：好的，没问题。

面试官：那咱们的面试时间约在明天的 14:00 可以吗？

应聘者：明天下午可以来面试。

面试官：如果您时间上有变更，可以拨打这个电话，我会尽力为您安排下一场面试。

应聘者：谢谢。

谈话示例 4

面试官：如果没有问题的话，这边约您 5 月 10 日 10:00 或者 14:00 进行面谈，可以吗？

应聘者：5 月 10 日 10:00 我有时间。

面试官：那就 5 月 10 日 10:00 见，请问您的微信号就是手机号吗，我待会加一下您的微信好吗？这边给您发一下面试详细信息。

应聘者：是的，我的微信号就是手机号。

面试官：待会儿会通过微信给您发一份文档，麻烦查收一下。

应聘者：好的，谢谢。

2.3.5　做好面试邀约应对

在面试邀约过程中，可能遇到各种各样的情形，如被挂断电话、遭到对方拒绝、对方态度敷衍等。面试邀约并不是一件轻松的事，面试官要掌握一些基本的技巧，包括：

①电话邀约前熟悉应聘者的简历，在简历中标出不完整或不清晰的地方，以便在电话邀约时进行确认。

②针对应聘者常询问的问题，如薪资、福利等，提前做好应答准备，以便在面试邀约时沟通顺畅。

③面试邀约也应体现专业性，这能让应聘者重视面试机会。如可以在邀约时告知应聘者，公司招聘范围很广，面试的人才很多，并且公司有完整的筛选流程。

④了解应聘者的居住地，如果应聘者的居住地到公司通勤比较方便，可以将这一点作为优势，从而能够提高邀约成功率。

⑤面试邀约时展示公司的亮点是有必要的，在应聘者未进入公司之前，只能通过邀约人的介绍或招聘信息中了解公司，因此，邀约人可多展示公司优势。

⑥准备好招聘面试邀约表，以明确哪些应聘者接受了面试邀约，如果应聘者表示时间不确定，可以将其放入备选人员名单中，以便于进行下次邀约。另外，也可以在应聘者简历中做好标记，并且分类管理和存放，如将首选人简历分为已接受面试邀约、未接通电话、没有意向、不符合招聘要求等。表 2-2 为招聘面试邀约表。

表 2-2　招聘面试邀约表

年　　月招聘目标：						
项目	＿＿岗位	＿＿岗位	＿＿岗位	＿＿岗位	＿＿岗位	＿＿岗位
招聘目标						
面试时间			记录人			
预约时间	应聘岗位	姓名	性别	年龄	毕业院校	面试官
备注：请人事专员每天将邀约面试的人员名单填入表格中。						

邀约人应通过电话交流来判断应聘者的心态，根据应聘者的语气和用语，将其分为以下几种类型：

（1）态度敷衍型

这类应聘者在接到面试邀约后，不会主动表露自己的求职意愿，这时面试官要尽量在电话中了解应聘者对待工作机会的态度，以避免增加不必要的面试工作。

范例解析 向态度敷衍型应聘者发起面试邀约

某公司招聘平面设计岗位，在收到应聘者投递的简历后，在周一上午通过电话方式向几个应聘者发起了面试邀约。10:00，HR 接通了应聘者张 ×× 的电话。

张 ××：喂。（对方声音含糊，听起来毫无精神）

HR：您好，我是 ×× 公司人事专员，我们收到了您在 ×× 招聘网站投递的简历，请问您还记得吗？

张 ××：哦，您说。（对方语气好像处于未醒状态）

HR：请问您现在方便讲话吗？

张 ××：不太方便，请换个时间吧，谢谢。

从上述通话可以看出，应聘者并没有表现出对工作机会的重视，回答也很随意。一般情况下，如果应聘者对工作岗位不感兴趣，在电话邀约中会明确表示。如果在电话中明显感受到应聘者态度敷衍、无精打采，对工作是无所谓的态度，如只是简单地回答"嗯""好吧""哦"，那么要及时将不合适的人选筛选出去，以提高面试的效率。

（2）心高气傲型

这类应聘者可能能力很强，但也可能是眼高手低。在面试邀约中，他们可能会表现得比较强势，此时，应尽量展现出自己的专业，并记录下应聘者的态度，作为面试面谈环节的参考。

范例解析 向心高气傲型应聘者发起面试邀约

应聘者：喂，请问您是？

面试官：您好，我是 ×× 公司招聘专员。

应聘者：您好。

面试官：我们收到了您通过 ×× 网站投递的简历，您还记得吗？

应聘者：嗯，好像有这么一回事。

面试官：经过筛选，您的条件跟我们的要求比较相符，想邀请您明天15:00 到我公司参加面试，我们公司的地址是 ××××××，不知道您有没有时间？

应聘者：这个嘛，这个岗位具体要干些什么？

面试官：主要是解决各种浏览器兼容性问题，负责日常项目开发。（简单介绍岗位）

应聘者：那你们能给我多少工资呢？少于一万五就没什么好说的了。

面试官：薪资问题不是我们能决定的，如果您能来参加面试，可以与面试官沟通讨论。

从上述谈话可以看出，该应聘者表现得心高气傲。对于此类应聘者不用表现得太热情，只需正常地发起面试邀约即可，如果公司达不到对方要求，最好取消面试。一般来说，学历和各方面能力出众的应聘者都不会在面试邀约中表现得心高气傲，而会表现出自信。面试官在邀约时应诚恳、自然，把公司优势表述清楚，这样更容易打动应聘者。

（3）防备型

此类应聘者防备心理很重，可能会误以为面试邀约电话是诈骗或推销电话。对于此类应聘者要第一时间消除其疑虑，向其表明身份，说明来意，然后提出正式的面试邀约。

范例解析 向防备型应聘者发起面试邀约

应聘者：喂？谁啊？

面试官：您好，是××吗？

应聘者：你是谁啊？怎么知道我的电话？（以为是诈骗电话）

面试官：××，您好，我是××公司 HR××，两天前收到了您投递的简历，您的简历通过初步审核，我们想邀请您明天 15:00 到我们公司参加面试，公司地址是××××××，不知道您有没有时间？

应聘者：哦哦，您好您好，明天我一定准时到达。（记起了自己投递过简历）

面试官：行，那明天见！

面对防备型应聘者，在表明身份后就可以尽快提出面试邀约，如果应聘者不能爽快地答应面试，也不正面回应问题，那么可以取消邀约。

（4）回应热情型

这类应聘者往往有比较强烈的求职欲望，对工作机会也比较看重，所以在面试邀约时回应会很热情，也会主动关心招聘岗位情况。此类应聘者也是公司所需要的，面试邀约时要讲清楚面试事宜。

范例解析　向回应热情型应聘者发起面试邀约

应聘者：喂，您好，您是哪位？

面试官：您好，请问是 ×× 吗？

应聘者：对，我是 ××，您是？

面试官：我是 ×× 公司人事，我们收到了您投递的简历，应聘运营专员岗位，您还记得吗？

应聘者：对，没错没错，能接到你们的面试邀请真是太好了。

面试官：这边想邀请您 6 月 8 号 9:00 到公司参加面试，地址是 ×××××，请问您有时间吗？

应聘者：嗯，好，明天这个时间没问题，我一定准时到达。请问您一下，具体的面试形式是怎样的？

面试官：我们会先进行简单的笔试，大约 30 分钟就能完成，笔试结束之后安排您与面试官交流。由于面试的人比较多，最好提前一点到。（告知应聘者竞争者不少）

应聘者：不知道面试是一对一面试，还是群面？

面试官：这边会安排二对一面试，还请好好准备。

应聘者：好的，感谢。

面试官：来的时候，请带上您的相关证件 ××。（交代清楚要准备的东西）

应聘者：好的，我记下了。

面试官：您可以乘坐 ×× 路车到 ×× 站下车，有什么问题，您可以通过这个电话回拨联系我。

应聘者：好的，谢谢您。

面试官：好的，再见！

应聘者如果有强烈的求职欲望，在电话中也会主动了解公司、岗位、福利等，面试官应尽可能地及时安排面试，同时也要提醒应聘者应该注意的事项。

2.4 面试邀约细节的把控

面试率低、事先约定参加面试却在当天爽约，这是很多面试官都遇到过的问题，面试邀约时对细节的把控也会影响面试率，那么面试邀约要注意哪些问题，如何降低面试爽约率呢?

2.4.1 应聘者爽约的原因

应聘者爽约的原因有很多，有些可能是个人原因，有些可能是面试邀约时没有做好细节工作，下面来看看应聘者爽约常见的几种情况。

（1）应聘者临时有事，但不知如何告知

应聘者临时有事但不知如何告知是应聘者爽约的常见原因，这种情况主要是在面试邀约时没有留下联系方式所造成的。为避免以上这种情况导致应聘者爽约，应在面试邀约时留下联系方式，以保证沟通的及时性。面试官可以留下公司座机、自己的手机号码，或者添加应聘者的微信，并告知应聘者有什么问题可以随时联系。

（2）应聘者的求职意向并不强烈

有的应聘者虽然有求职需求,但求职意向可能并不强烈,他们会抱着"有时间就去面试，去不了也没关系"的心态接受面试邀约。这类应聘者爽约率会比较高。因此，针对此类应聘者，在面试邀约时就要了解其求职意向，如果在电话邀约时对方的意向并不明确，或者说没什么意向，那么就不必再约面试，可以把面试机会留给其他意向更强烈的应聘者。

（3）面试地点距离应聘者的住址太远，主动放弃

有的应聘者在电话邀约时可能并没有留意面试地点距离自家住址的远近，在电话邀约结束后，发现面试地点太远就会主动放弃面试。针对这种情况，公司在招聘网站上发布招聘信息时最好就写明公司的具体位置，而不是宽泛的地址，如 ×× 省、×× 市等。这样应聘者可以提前在心理做一个预估，如果地址太远、交通不便不在考虑范围内就不会投递简历。

查看简历时，可以将车程在一个半小时以上应聘者的简历筛选出来，面试邀约时主动询问此类应聘者前来公司面试是否方便，或者是否可以接受该工作地点，如果应聘者认为面试／工作地点太远不方便，则尊重其选择，取消面试邀约。

（4）发现公司不太理想而放弃面试

很多应聘者都会在答应面试后上网查询公司概况，尤其是主动搜索简历者，如果发现公司不太理想，为避免产生不必要的面试成本，他们往往会放弃面试。为减少此类情况的发生，面试邀约时可主动向应聘者介绍公司，准确、真实地描述公司优势，而不是夸大其词。有的面试邀约人可能会夸大公司优点，隐瞒缺点，以此来吸引应聘者答应面试，但这种做法只会增加面试爽约率。面试邀约时应保证信息的真实性，包括职位薪资、公司福利、岗位职责等，这样才能帮助公司吸引到真正适合的人才。

（5）岗位与自身求职意向不符

公司招聘的岗位与应聘者自身的求职意向不符，也会导致应聘者在答应面试后爽约。为避免此类情况增加面试成本，在简历查看环节就要做好简历与岗位匹配度的筛选工作，不要为了凑人数而降低筛选标准，通知匹配度很低的应聘者前来面试。

对于有明确职业规划的应聘者来说，他们会很关心人岗匹配度，如果发现公司招聘的岗位与自身匹配度很低，就很容易在答应面试后又爽约。

在面试邀约环节，最好主动向应聘者介绍工作内容、职责要求等，以让应聘者能做一个简单的判断，如果应聘者认为该岗位与自身并不匹配，通常会主动拒绝，这时也不必强行邀约。

（6）没发送通知，不记得公司地址和面试时间

应聘者在找工作期间往往会投递多份简历，也可能接到多家公司的面试通知。如果面试通知较多，应聘者很容易遗忘自己要面试的是哪家公司以及面试地址、时间等。有时，应聘者还可能是在环境较为嘈杂的地方接到邀约电话，所以可能并未完全听清楚面试事宜。要避免此种情形，最好的做法就是在电话邀约结束后向应聘者发送面试通知短信或邮件。

（7）其他客观因素导致爽约

其他客观因素如暴雨、台风、堵车等，这种情况下如果应聘者主动致电，可以与其约定其他面试时间。另外，面试官也可以主动联系应聘者，告知其为保证安全，可以换个时间进行面试。

如果是应聘者自身原因导致无法参加面试或者无法准时参加面试，如睡懒觉、出发太晚等，那么此类应聘者也并不是理想的录用对象。另外，在约定面试时间时，最好留下足够的路程时间，也不宜将面试时间安排得过早。

2.4.2 面试邀约的注意事项

面试邀约环节也有很多注意事项需要留意，即使没有面邀成功也不要给应聘者留下不好的印象。

①对话有流程：在开始进行面试邀约前，在心理要有一个谈话思路，明确邀约的重点以及何时结束对话。电话邀约的大致流程一般是确认对象→确认职位→双方沟通答疑→邀约面试→确认面试时间和地点→礼貌告别，具体可参考前面的邀约示例。

②避免敏感问题：电话邀约时要避免谈论一些敏感话题，如薪资问题、加班问题等。在电话中不要主动谈及敏感话题，部分敏感问题不方便电话答疑的，可轻轻带过，将敏感问题引到面试中去谈，但只要不涉及机密或敏感问题的应尽量向其做出解释。

③把握重点：面试邀约应尽量简洁，明确电话邀约的重点是通知对方获得了面试机会，对于应聘者简历细节、工作意向等的进一步沟通，应放在面试面谈阶段。

④尊重应聘者：在电话中应表现出对应聘者的尊重，开场时主动问好，结束时礼貌挂断。同时，注意耐心倾听应聘者的提问和应答，这也能帮助捕捉应聘者的信息，判断对方对面试的重视程度。

⑤语速和语调：电话邀约面试尽量使用普通话，同时注意语速、语调和音量，语速不可过快或过慢，以吐字清晰、表达连贯为宜，语调应自然而不做作，音量应保证接听者能够听清楚。

⑥给予思考时间：询问对方是否有求职意向或面试时间时，应适当停顿或暂停一下，给予应聘者一定的思考时间，让对方回答。

⑦判断对方反应：发起面试邀约时，要仔细聆听对方的反应，以判断应聘者的意向，了解到对方有应聘意向时再约见面试。

下面来看看主动投递简历的应聘者在接到面试邀约时常见的几种反应。

范例解析 **应聘者接到面试邀约时的几种反应**

反应一：对不起，我向多家公司投递了简历，麻烦您再重复一次。

解析：重复公司名称以及招聘岗位，稍加停顿，看应聘者是否能够记起自己投递过简历。如果能够记起再进行面试邀约，如果应聘者表示没有求职意向，则取消面试邀约。

反应二：对不起，我好像没有给贵公司投递过简历。

解析：这种情况可能是因为应聘者海量投递了简历，以至于忘记了自己投递过简历。可进一步询问对方是否有求职意向，如果应聘者表示对该岗位不感兴趣，或者是误投简历，则没必要再进行面试邀约。

反应三：没错，我是向贵公司投递了简历。

解析：此类应聘者一般了解过公司，并慎重投递了简历，这时应耐心、周到地与应聘者进行沟通，对应聘者提出的问题进行解释，然后确认面试时间和地点，约见面试。

2.4.3　面试邀约为什么不透露底薪

在面试邀约过程中，常常会遇到应聘者询问公司底薪是多少，一般来说，不建议在邀约时向应聘者透露底薪。因为大多数岗位的底薪要根据应聘者自身的能力来确定，但如果不告知应聘者薪资也会导致应聘者产生不信任感，若公司能够提供的薪资与应聘者的预期差距过大，即使应聘者答应参与面试，最终也很难选择本公司。

因此，在面试邀约时若应聘者特别关心薪资问题，可以告知其薪资的大概范围，如月薪 8 000 元～ 10 000 元，如果公司除底薪外，还会提供餐补、全勤奖等，就不能将薪资说死。

另外，如果公司薪资不具备竞争优势，在面试中直接透露薪资也容易错过潜在的优秀人才，但此类人才却是公司需要留住的，在这种情况下，也不宜过早透露底薪。遇到应聘者询问薪资，面试邀约人可以参考以下一些回答方式。

范例解析 询问底薪的回答方式

应聘者：请问这个岗位的底薪是多少呢？

回答方式 1：这个岗位的薪资涉及业绩提成，薪资计算方式较为复杂，在电话中一时解释不清楚，您可以在面试时询问面试官，面试官会做详细说明。

回答方式 2：这个岗位的薪资与个人工作能力挂钩，在面试交流后才能最终确定。

回答方式 3：这个岗位分为多个级别，未进行面试前无法确定薪资级别，最终的岗位薪资是由用人部门根据面试结果敲定的。

回答方式 4：这个岗位的薪资范围在 5 000 元～ 8 000 元，另外，公司还有其他福利待遇。

回答方式 5：岗位采用底薪＋浮动工资制，浮动绩效部分比例高，实际拿到手的工资比一般的固定薪酬要高，您是希望拿固定工资，还是希望灵活一点呢？

回答方式 6：不好意思，薪资标准属于公司机密，您可以来公司面试，面试时面试官会详细告知的。

回答方式 7：您期望的薪资水平是多少呢，我们公司的薪资与同行业水平相当。

不同公司能够提供的薪资待遇是不同的，电话邀约面试时，若应聘者询问薪资，需根据实际情况灵活作答，薪资不涉及保密的，可以告知大致的薪酬范围，一些核心岗位工资涉及保密的或者不方便透露的，可以向应聘者解释，大多数应聘者都能理解。注意，不可夸大薪酬范围，如公司实际底薪只有 3 000 元，却告知对方底薪为 6 000 元。

2.4.4　节日前后如何做好面试邀约

如果在节日前向应聘者发起了面试邀约，并且应聘者同意节日后来公司面试，那么在节日后有必要向应聘者再次致电，以了解其是否能够按时参与面试。如下所示为对话示例，供面试官参考借鉴。

范例解析　节日前同意面试的应聘者

对话示例 1

面试官：您好，我是 ×× 公司的 HR××，请问您还有印象吗？

应聘者：哦哦，× 经理您好。

面试官：××（节日）之前跟您电话联系过，约定 ×× 月 ×× 日上午来公司参与面试，请问您能准时过来吗？

应聘者：能的。

面试官：那我们到时候见。

对话示例 2

面试官：您好，请问是 ×× 吗？

应聘者：请问，您是？

面试官：这边是 ×× 公司人力资源部，××（节日）与您约定 ×× 月 ×× 日 14:00 ~ 15:00 进行面试，请问这个时间段能来公司吗？

应聘者：不好意思，我这边临时有事，×× 月 ×× 日可能无法来公司面试了。

面试官：那这边与您协商其他时间，您看 ×× 月 ×× 日可以吗？

应聘者：没问题。

面试官：那行，这边再与您确定一下面试时间和地点，面试时间是 ×× 月 ×× 日，地点是 ××。

应聘者：好的，感谢您。

对话示例 3

应聘者：喂，请问是哪位？

面试官：您好，我是 ×× 公司人事专员，××（节日）与您联系过，这边想和您沟通一下面试事宜。

应聘者：您好您好。

面试官：我这边记录的面试时间是 ×× 月 ×× 日 11:00 ~ 12:00，请问您这个时间段有时间吗？

应聘者：有的。

面试官：那我们的面试时间不变，届时请携带 ×× 准时参加。

应聘者：好的，谢谢。

节假日后，不少应聘者可能会遗忘面试事宜，因此，面试官可以再次与应聘者确定面试时间和地址，电话中无须再沟通岗位情况，只需表明自身身份，然后强调之前的约定，询问应聘者是否能如约参加面试即可。若应聘者不能参加面试，可询问其原因，对于有应聘意向的应聘者，则再进行面试安排。

范例解析 节日前未同意面试的应聘者

对话示例 1

面试官：您好，我是之前与您联系过的 ×× 公司人事专员，请问您现在找到心仪的工作了吗？

　　应聘者：还没有。

　　面试官：不知您有没有意向来公司参加面试，明后天公司会举行面试招聘会。

　　应聘者：明后天有时间去，请问具体是几点？

　　面试官：明后天 9:00 ～ 12:00，14:00 ～ 17:00 都可以。

　　应聘者：具体的面试地点是哪里呢？

　　面试官：面试地点是 ××，稍后我会将详细地址通过短信发送到您的手机，请注意查收。

　　应聘者：好的，谢谢。

对话示例 2

　　面试官：您好，我是 ×× 公司的 HR。之前与您聊过我们公司，请问您现在方便吗，想和您再沟通一下？

　　应聘者：方便的，您说。

　　面试官：我们公司招聘的 ×× 岗位与您的求职期望是很相符的，公司年轻有活力，相信您来到公司会感受到这种活力。

　　应聘者：方便说一下岗位薪资吗？

　　面试官：这个岗位的薪资范围大概是 ×× ～ ××，转正后是底薪＋绩效的结构，至于具体的薪资情况您可以来公司做详细了解，您还有其他需要了解的吗？

　　应聘者：暂时没有了。

　　面试官：那您明天上午有空来公司面试吗，地址是 ××。

　　应聘者：没问题。

　　面试官：稍后我会将公司详细地址发送到您的手机，请注意查收。有什么问题可以回拨这个电话与我联系。

　　应聘者：好的，谢谢。

　　节假日前进行面试邀约，可能遇到应聘者因为节假日的不确定性，或者暂时不想面试而未能答应节日后来公司面试，节日过后，针对简历相匹配的备选人，可以再次致电了解其意向，发起面试邀约。

第3章

高效面试，掌握面试的主动权

　　面试是一个双向选择的过程，作为面试官，在面试阶段要把握主动权，而不是成为只知道回答问题的"机器"。面试过程中，面试官不仅要对应聘者进行考察，做出客观有效的评价，还要尽可能地打动应聘者，从而帮助公司招聘到合适的人才。

3.1 选择有效的面试工具

面试官要了解不同的面试方式，并根据实际情况合理利用，这样才能使面试面谈效果达到最佳。常见的面试方式有结构化面试、非结构化面试、半结构化面试、STAR 面试、一对一面试。

3.1.1 结构化面试

结构化面试又被称为标准化面试，是指根据岗位胜任力的要求，遵循固定的程序，采用统一的问题库、评分标准和评价方法进行面试，以判断应聘者是否符合招聘岗位的要求。

结构化面试具有表 3-1 所示的特点。

表 3-1 结构化面试的特点

特 点	具体内容
面试形式规范	结构化面试是一种比较规范的面试形式，有统一的评价标准，面试官可以根据系统化的评分程序对应聘者做出评价，最终再根据科学的计算方法测评出应聘者的面试成绩
面试评价更客观	针对同一职位，在结构化面试中，面试题目、提问的顺序等都是相同的，这能保证同一职位的应聘者在平等的条件下接受面试，使每一位应聘者得到更客观的评价，也能够降低出现偏见和不公平的可能性
题库包含面广	结构化面试会对工作岗位进行深入分析，形成能够有效评价应聘者的题库，主要是针对岗位职责和技能方面的问题，题库包含的面十分广泛，如知识、技能、品质、动机等，这也能保证应聘者筛选的成功率
面试官多人组成	在结构化面试中，面试官的人数需在两人以上，有时会有 5 ~ 9 名，面试官的组成也不是随意安排的，而会考虑面试官的年龄、专业、职务以及性别等因素来合理安排，其中，会设置一名主考官，负责把握面试的总方向

从表 3-1 中可以看出，结构化面试具有试题统一、程序严谨、评分标准的特点，这些特点保证了结构化面试的有效性和可信度，但结构化面试

也存在一些缺点，如实施面试时灵活性不够，如果面试人数较多面试官容易感到疲倦，面试官组成结构若不合理会带来负面影响。

结构化面试的特点决定了这种面试方式更适合较大规模、有较强规范性的面试录用，比较适合大中型企业，在公务员录用考试、事业单位公开招聘中也应用广泛。

结构化面试对应聘者、测评要素、面试官、场所布置都有要求，具体要求如下：

①应聘者。由人事部门根据简历筛选得出，面试人数要超过拟录用的人数，然后按照一定比例选拔应聘者。有的结构化面试会根据笔试成绩来确定应聘者，笔试成绩合格才能进入面试阶段。

②测评要素。根据岗位职责以及所需能力来确定测评要素，常见的测评要素有工作能力、语言表达能力、人际沟通能力、应变能力以及岗位所需的其他特殊能力。

③面试官。结构化面试的面试官不止一人，应保证面试官结构的合理性，一般由人力资源部门、用人部门、总经办人员、顾问专家（如有必要）组成，并不是所有人员都能担任面试官，面试官应掌握基本的面试方法和技巧，清楚结构化面试的操作要求和评价标准。

④场所布置。要按照面试实施的要求来选择和布置面试场所，要营销良好、安静的环境，同时要布置好座次，面试官一般正对应聘者，以便于观察和考评应聘者。

结构化面试的复杂性决定了面试的实施需要做的准备工作较多，作为面试官，在面试前应熟悉并准备好应聘者的简历、面试评分表、面试程序表等，与其他面试官共同做好协作分工，如由用人部门面试官负责考察应聘者的岗位技能、专业知识等；由人力资源部门面试官负责考察应聘者的求职动机、薪资匹配度、学历等。

完成的结构化面试一般可按照图 3-1 所示步骤操作。

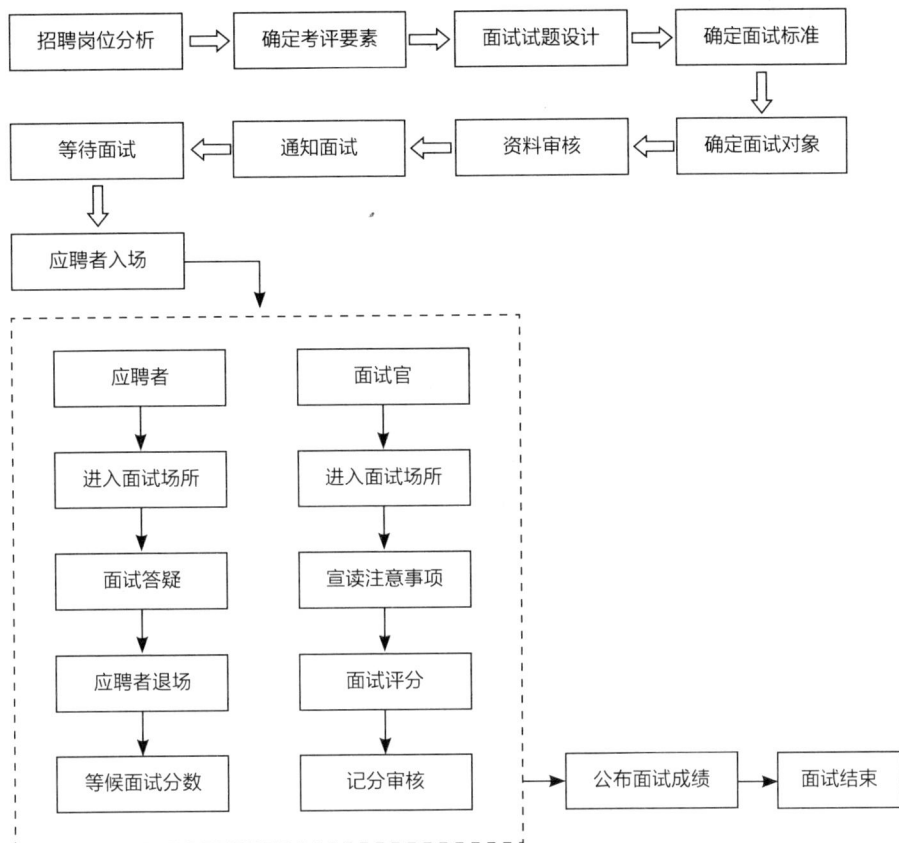

图 3-1 结构化面试步骤

常见的结构化面试有两种类型，行为性描述面试和情景性面试。

①行为性描述面试：是基于"过去的行为是对未来行为的最好预测"的理念来对应聘者进行考察，通过了解应聘者过去的工作情况来预测其未来的工作能力。设计时要重点把握岗位胜任力的要求，通过岗位分析来明确岗位胜任特征。

②情境性面试：依照目标设置理论来对应聘者进行考察，面试时会给应聘者设置具体的工作情境，主要是工作中可能遇到的各种事情或难题，然后询问其解决方案，以此来判断应聘者解决工作实际问题的能力。与行为描述性面试一样，情境性面试也要进行工作分析，但核心是对工作关键

事件进行分析。

了解了结构化面试的基本内容后，下面通过一个案例来全面认识结构化面试。

范例解析 **春季招聘结构化面试**

某互联网公司近期开展春季招聘会，拟招聘的职位是网络工程师。此次面试官由五人组成，设一名主考官，张××是此次招聘的主面试官。面试开始前，人力资源部对面试场所进行了布置，设置了面试官席、监督席、工作人员席和面试席，如图3-2所示。

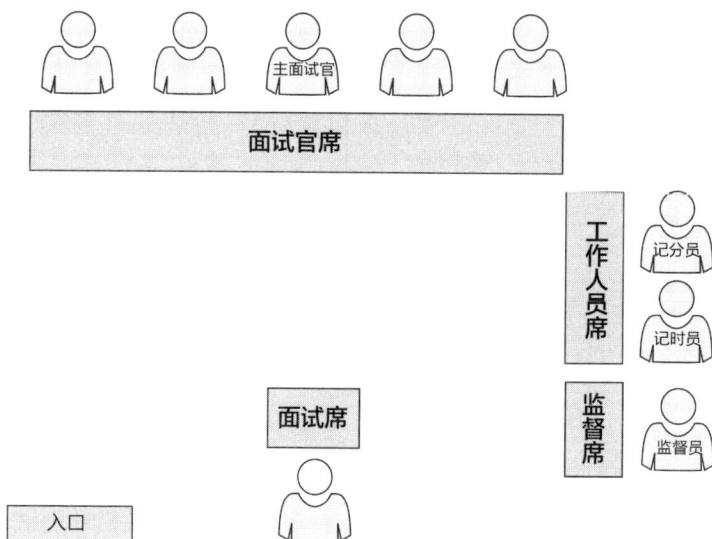

图 3-2　结构化面试座次安排

人力资源部和面试官根据结构化面试的特点，从行为、情境和认知三个方面设置了面试问题。此次面试评分分为三个等级，具体标准见表3-2。

表 3-2　评分标准

等　级	评分标准
满　分	完全符合评分标准
中档分	部分符合评分标准

续上表

等　级	评分标准
不计分	与评分标准不挂钩
注：满分为 100 分。	

面试当天，根据顺序安排应聘者入场，引导员在候场室宣布："李×入场"，李×随同引导人员到达面试场所门口，然后自行进入面试场所落座。面试官开始宣读面试导语，内容如下。

你好，欢迎参加今天的面试。我们希望通过此次面谈对你有进一步的了解，今天面试的总体时间为 15 分钟，有的问题与你的成长经历有关，希望你能实事求是地回答，请放心，关于你的个人信息我们会严格保密。回答时请尽量简洁明了，注意控制好时间。好，我们现在开始。

开始面试后，张××根据题库对应聘者进行考察，第一阶段是了解应聘者，面试问题和考察点见表 3-3。

表 3-3　第一阶段面试问题和考察点

问　题	考察点
你能简单地介绍一下自己吗	营造良好面试的氛围，作为面试的开场能让应聘者有个心理过渡，同时了解其基本信息，并考察其表达能力和概括能力
请简单谈一下自己性格方面的优缺点，以及对应聘工作的影响	考察应聘者对自己的认识，从应聘者的阐述中也可以了解其个性特点以及人生态度，以判断应聘者是否适合从事该类工作
请简要介绍下自己的内容	侧面考察应聘者的人际交往能力

这一阶段主要是对应聘者做一个基本了解，因此，提问和回答都具有灵活性，分值权重占比不高。第二阶段，主要考察应聘者的学习能力和工作态度，面试问题和考察点见表 3-4。

表 3-4　第二阶段面试问题和考察点

问　题	考察点
每周用在工作和自我提升上的时间有多少呢	考察其是否有上进心，是否热爱工作
有没有设计过自己的职业规划	考察应聘者是否有远见

问　题	考察点
在选择工作时更看重的是什么	考察应聘者对待工作的看法
以前的工作经历中有哪些不足	考察应聘者的灵活应变能力
在工作之余有哪些兴趣爱好	考察应聘者的知识广博度

进入第三阶段，该阶段主要考察应聘者的工作能力，面试问题和考察点见表3-5。

表3-5　第三阶段面试问题和考察点

问　题	考察点
请说一说在过往职业生涯中遇到的困难或压力，并说说是如何克服的	了解应聘者的抗压能力，以及处理问题的能力
在过往的工作中你是如何管理下属的	考察应聘者的管理能力
请你就网络维护工作中遇到的一个常见术语进行解释	考察应聘者对主要工作的理论知识的掌握
对于这份工作，你有哪些可以预见的困难？你准备怎么做呢	考察应聘者对工作的熟悉度，以及工作能力

提问结束，面试官与应聘者就岗位、薪资等问题进行了讨论。面试结束后，面试官宣布请应聘者退场，李×在候分室等待面试分数，最终，李×三个阶段的总分值合计为90分，其他应聘者人均得分在75分左右，最终李×被公司录取。

从上述案例可以看出，结构化面试根据题库统一提问和计分，最终按照得分高低决定应聘者去留。根据招聘实际情况，可在面试当天就公布面试分数并决定录取，也可以让应聘者在面试结束后离去，等候公司的通知。在应聘者回答完规定的问题后，面试官也可以根据应聘者的表现进行临时提问。在结构化面试中，提问的设计是很重要的，不同岗位考察的重点会有所不同，面试官应根据岗位特性有针对性地设计问题，以便有效考察应聘者各方面的能力，为企业选拔到真正合适的人才。

在面试的过程中面试官要根据应聘者的面试表现为其打分，表 3-6 所示为某公司结构化面试评分表，供借鉴参考。

表 3-6 结构化面试评分表

应聘者序号：							
测评要素		职位匹配性	综合分析能力	沟通协调能力	执行力	语言表达能力	仪容仪表
权重分数		25	20	20	20	10	5
评分要点		①对自身优点和确认能否做出正确判断，是否能对劣势提出改进措施。②个人经历、学历与岗位是否有较强匹配性	①思路是否清晰和富有条理。②分析问题是否全面、透彻和客观。③能否抓住问题实质和主要方面	①有没有主动沟通的意识。②在工作中能否与他人积极沟通，建立和谐的工作环境，并顺利地完成岗位工作目标和任务	①能否正确理解工作目标。②能否有效完成上级安排的工作任务和目标。③在工作中能否灵活地改进工作方法	①能否简洁流畅地表达。②表达时条理是否清晰。③表达时是否具有说服力	①仪容仪表是否整洁端正。②是否自信谦和。③心态是否稳健和成熟
评分标准	优						
	良						
	差						
	极差						
得分							
总分							
面试官签字：					年 月 日		

3.1.2 非结构化面试

非结构化面试也是很多企业常用的面试方式，这种面试方式灵活，随机性较强，因此也被称为随机面试。非结构化面试不必设计题库，面试时由面试官把握整体流程，主面试官可以根据面试情况来随机发问，只要能有效考察应聘者即可，表 3-7 所示为非结构化面试的优缺点。

表 3-7　非结构化面试优缺点

优　　点	缺　　点
①操作起来简单，可供面试官发挥的空间更大，不限场所、时间和面试问题。 ②面试官可以应聘者的简历和实际表现有针对性地对其进行考察。 ③应聘者的防备心理会减弱，能更好地发挥自己的实力。 ④面试官可以针对自己想要了解的信息进行考察，得到很多有用信息	①面试的结构性较差，对面试录用没有统一的判断标准，容易受个人好恶的影响，主观性较强。 ②难以量化，不容易计分。 ③应聘者之间的对比难以明确划分，影响面试的可信度和有效性

非结构化面试没有固定的面谈程序，应聘者不同其回答的问题也可能有很大的差异，这给了面试官和应聘者更多的自由。作为面试官，可以从以下方面来提高非结构化面试的有效性。

①掌握面试技巧。由于非结构化面试的特殊性，面试的有效性非常依赖主面试官的经验和面谈技巧。面试官应注意面试的原则是考察应聘者各方面的能力，而不是为难应聘者。提问时，要想方设法地让应聘者多说，问题不要太过学术或复杂，以简单易懂为宜。

②科学的评分。为应聘者打分是非结构化面试的重要环节，在这一过程中，面试官要对应聘者的各方面进行判断，最后得出录用建议。由于主面试官担负着重要的责任，所以应该提高自己的判断技巧和评价手段。

非结构面试中可以采用案例分析、脑筋急转弯、情景模拟等方式对应聘者进行考察，如图 3-3 所示。

案例分析

将工作中的一些真实问题设计成案例，让应聘者分析案例并给出自己的解决方案，具有一定的实践性。很多案例分析的题目是没有标准答案的，面试官一般考察的是应聘者的临场发挥能力和应变能力。这种面试方式更重实际，不以学历和文凭认定其工作能力。

脑筋急转弯

主要考察应聘者的逻辑思维能力，一些岗位要求员工具有很强的逻辑性，因此部分公司的面试官也会将脑筋急转弯应用到面试面谈中。通过脑筋急转弯能很快地检测应聘者的逻辑思维能力和推理判断能力。

情景模拟

将应聘者置于一个模拟的真实环境中，让其解决现实问题。通过情景模拟的方式面试官可根据应聘者的做法考察其工作能力、人际交往能力、语言表达能力以及组织协调能力等综合能力。

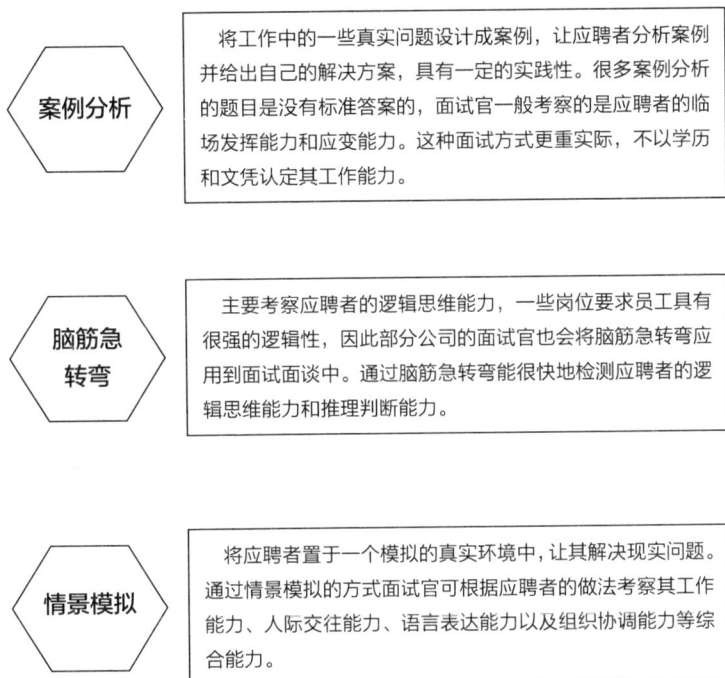

图 3-3 非结构面试常用面试面谈方式

在非结构化面试中，面试官可以结合"面试评价量化表"来对应聘者进行评价，以此来保证面试的相对公平性，表 3-8 所示为常见的面试评价量化表。

表 3-8 面试评价量化表

姓　名		应聘职位		性　别	
面试行为观察					权重 / 得分
①仪容仪表端庄整洁，用语礼貌					10%
1 分	2 分	3 分	4 分	5 分	
②表达能力，表达流畅，沟通中注意倾听对方观点					10%
1 分	2 分	3 分	4 分	5 分	

③工作稳定性，个人职业发展方向明确				10%
1分	2分	3分	4分	5分
④应变能力，能巧妙地回避令人尴尬的问题				10%
1分	2分	3分	4分	5分
⑤协作能力，具有合作意识，工作中能有效沟通协调				10%
1分	2分	3分	4分	5分
⑥专业技能，具备岗位所需专业技能				50%
1分	2分	3分	4分	5分
评分标准				
分数	1分以下	1～1.5分	1.6～2.5分	2.6～3.5分	3.6分以上
等级	很差	较差	良好	优秀	杰出

在非结构化面试中，面试官可以根据应聘者的表现给出分数和意见，若有多名面试官进行面试，则将多名面试官的成绩进行汇总，得出有效总分，表3-9所示为面试成绩汇总评分表。

表3-9　面试成绩汇总评分表

姓　名		应聘职位		性　别	
面试得分	主面试官	面试官1	面试官2	面试官3	面试官4
扣除最高分			扣除最低分		
有效总分			最终成绩		
记分员			日　期		

3.1.3　半结构化面试

半结构化面试是介于结构化面试和非结构化面试之间的一种面试方法，

其结合了两种面试方式的优点，面试过程既具备结构性又具备灵活性，半结构化面试有如下特点。

①面试官可提前准备面试问题，不过提问顺序、具体问题都不必统一，可以按实际情况进行调节。

②面试官可按照不同的岗位类别预先设置好一些固定问题，部分面试考察点不做统一规定，题目数量可灵活设置，面试官也可在面试中随机追问，考察应聘者。

③可以采用逐一面试或多人面试形式，具体根据企业实际情况和招聘需求来确定，多人面试时应聘者逐一回答面试官的问题，问题可能一致，也可以不一致。

半结构化面试具有操作方便、容易组织的优势，但对面试官的能力要求较高，否则会降低面试的有效性。半结构化面试的主要流程有以下三大步骤。

①面试前准备。面试前与结构化面试一样，需进行岗位分析，确定测评要素并设计面试题目以及评分表。

②主持面试。面试官要负责主持并控制面试的整体进程，并按照事先设计的流程结束面试。

③判断面试结果。做好面试记录并对相关信息进行整合，根据应聘者的表现分析和判断面试结果。

范例解析 **校园招聘半结构化面试**

　　某公司举行校园招聘会，此次校园招聘采用半结构化面试。在面试开始前，主面试官王 × 提前准备了一些与招聘岗位相关的面试问题。此次校园招聘面试采用多人面试形式，多名应聘者与多名面试官进行交流，由应聘者逐一回答问题。人力资源部在面试开始前提前布置好了面试场所，图 3-4 所示为面试座次安排。

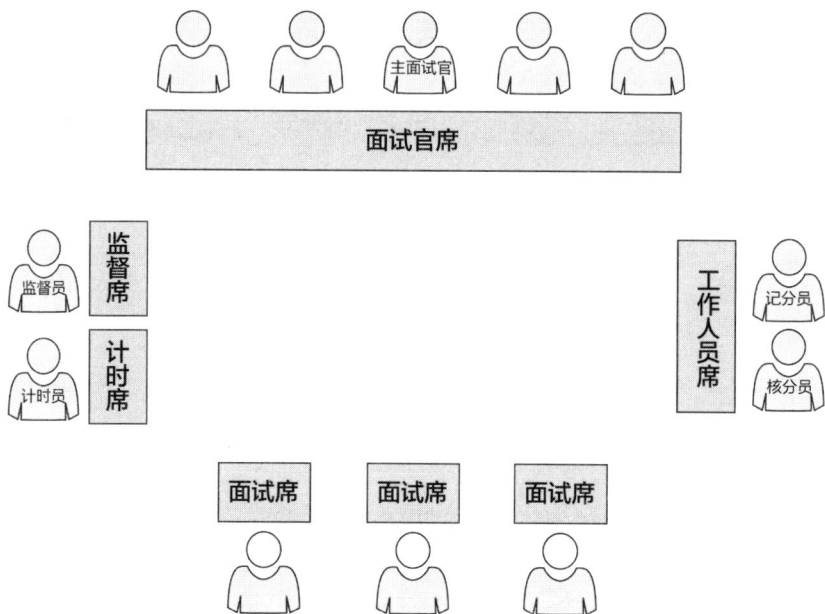

图3-4 半结构化面试座次安排

面试当天，主面试官宣读了面试注意事项，然后开始面试。先是自我介绍环节，面试官向三名应聘者提出了以下问题。

问题1：请用1～3分钟的时间简要介绍下自己？

应聘者依次进行了自我介绍，面试官边听自我介绍边了解应聘者的基本信息。自我介绍完毕后，面试官又提出了以下问题。

问题2：请简单介绍下过往的求学或实习经历？

通过以上两个问题和应聘者的简历，面试官对应聘者的基本信息有了初步了解。结合应聘者的基本情况，面试官分别对三名应聘者提出了不同的问题，主要考察应聘者的个人能力。

应聘者1：能列举一个您负责的校园活动吗？

应聘者2：你在过往工作中有组织过校园活动，能简单说说是怎么组织整个活动的吗？

应聘者3：请谈一谈你的一次失败经历？自己又有哪些体会呢？

应聘者依次回答后，面试官又针对三名应聘者的求职动机，以及工作态度进行了考察，随机提出了以下问题。

问题 1：你选择这份工作，是自己决定的，还是听从了同学或父母的建议？

问题 2：你为什么选择我们公司？

问题 3：你在选择工作时更看重的是什么？

问题 4：如果公司录用你，你将如何对待这份工作？

问题 5：如果公司领导给你安排了职责以外的工作，你怎么办？

问题 6：有一份工作需要你尽快完成，但你手上还有其他工作未完成，你会怎么办？

最后，面试官又逐一提出了一些有针对性的问题，并按照事先设计的结构完成了此次面谈。通过此次面试，面试官对应聘者的基本信息、行为经历、求职动机和个人能力有了了解，由于罗××表现出色，最终成功被录取。

在半结构面试中，面试官可以在预先设计好的问题的基础上，向应聘者提出一些随机性的问题，问题的数量主要根据面试的总时间来确定。虽然提问比较随机，但也要有目的性，不能将面试作为"纯聊天"来开展。自我介绍是半结构面试中常见的题目，通常在面试开始时就提出，其他问题可根据岗位所需具备的具体能力来设计，表 3-10 所示为常见的半结构化面试题目。

表 3-10　常见的半结构化面试题目

题目类型	题　目	得分点
表达能力	请用 1 分钟做一个简单的自我介绍	根据应聘者的自我发挥给出恰当评分
	请简单谈一谈在过去的生活或工作经历中做得比较成功的一件事	根据应聘者的自我发挥给出恰当评分
组织协调	公司要举办一次客户座谈会，安排由你组织此次活动，你要如何完成任务呢	①做了比较周全的计划 ②在活动组织中能够协调各项资源

题目类型	题 目	得分点
组织协调	公司给你安排了紧急工作任务，需要在三天内完成一周的工作，你该怎么办	①对工作任务进行分析，能够分清轻重缓急和先后顺序 ②能够对工作进度进行妥善安排 ③若工作完成起来确有困难，懂得寻求帮助或提出解决方案 ④懂得利用或提出需要的资源，能组织员工共同完成工作
人际交往	因工作能力突出，你得到了领导的赏识，但因此引起了其他同事的不满，你会怎么办	①重视人际关系的维护，能理解并包容同事的一些微词 ②与领导就相关问题进行沟通交流 ③真诚地与同事沟通，并尊重他人
	工作中暴露出了缺点，同事针对此缺点向上级汇报，你会怎么办	①分析自身不足之处，并尽快改正 ②与同事进行沟通，感谢其的指正 ③努力提高自己，抱着学习的心态与同事相处
领导能力	在工作中你与下属因工作问题产生冲突，你会如何处理	①调查清楚与下属产生矛盾的具体原因 ②解决矛盾是不偏袒，对事不对人 ③能够把握好解决矛盾的机会，通过有效办法与下属达成共识
	作为一名年轻的领导者，遇到老员工在上班时睡觉，你会怎么处理	①以身作则，先做好自己手中的工作，让他人信服 ②了解老员工睡觉的原因，从源头解决 ③了解公司运行机制，看公司制度是否有问题 ④建立激励机制，避免公司形成松散懒惰的工作氛围

表 3-10 中仅列举了一些半结构化面试中常见的问题，实践中，面试官要结合岗位和公司具体情况来设计问题。

3.1.4　STAR 面试

STAR 面试是企业招聘中常用的一种面试方法, 按照 situation (背景)、task (任务)、action (行动) 和 result (结果) 的步骤进行面试, 以对应聘者做出全面而客观的评价。

① situation (背景): 影响应聘者工作业绩的因素有很多, 在 STAR 面试法中要先了解应聘者工作业绩取得的背景, 以了解所取得的优秀业绩中哪些与个人能力相关, 哪些与行业、市场环境等因素有关。

② task (任务): 了解应聘者过往从事的工作业务, 以及工作业务的具体内容, 这可以帮助面试官了解应聘者的工作经历和经验, 从而判断应聘者是否能胜任当前应聘的职位。

③ action (行动): 在了解应聘者工作经历的基础上, 还要继续了解其为完成工作任务采取了哪些行动, 即应聘者是如何完成工作任务的, 包括工作方式、思维方式等。

④ result (结果): 最后是了解应聘者的工作成果, 最终的工作成绩是好还是坏, 了解工作成果不好的原因。

按照上述步骤一步步地对应聘者进行提问, 最终判断是否予以录用。那么面试官在具体实施 STAR 面试法要如何操作呢? 可分以下三步走。

(1) 建立用人标准

实施 STAR 面试法要建立岗位素质模型, 明确不同岗位的用人标准, 如果没有明确的用人标准, 将无法有效运用 STAR 面试法对应聘者进行面试考察。

前面章节内容介绍了如何构建岗位胜任素质模型, 面试官可根据公司具体情况来确立用人标准, 如某公司根据研发岗位职能要求建立了人才评定标准, 将面试阶段考察的主要内容分为四个维度, 如图 3-5 所示。

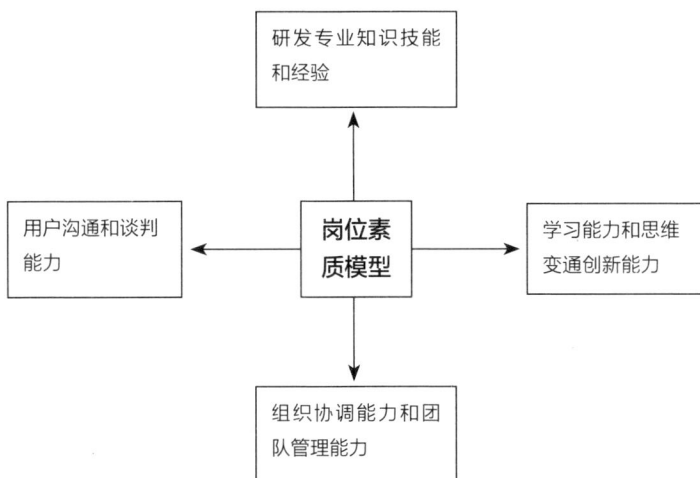

图 3-5　某公司研发岗位人才评定标准

（2）建立面试题库

STAR 面试法也需要建立面试题库，题库内容根据岗位素质模型来确立，每个素质能力可以设计 2 ~ 8 个面试题目，下面来看一个案例。

范例解析 人事专员岗"协调能力"面试题目

某公司近期在招聘人事专员，为确保公司招聘到合适的人才，面试官张 ×× 根据人事专员岗位基本素质模型建立了面试题库，该岗位的胜任力素质分为三个维度，包括专业知识、专业技能以及职业素养。其中专业技能有协调能力、沟通能力、人际交往能力和识人、用人能力，针对"协调能力"张 ×× 设置了以下三个面试题目。

①在过去的工作经历中，如果你与上级领导或者同事产生了分歧，你是如何处理的？

②在过去的工作中你是如何寻求其他部门的配合和支持的？

③在过去的工作经历中遇到不同的意见，是如何进行有效沟通的？

（3）适当追问

在面试面谈环节，面试官除了可以根据面试题库提问外，还可以根据应聘者的回答适当追问，以获得更全面的信息。比如应聘者在讲述工作经历时提到自己解决了某一棘手问题，针对这一点面试官就可以追问，询问应聘者具体是如何解决这一问题的。

3.1.5　一对一面试

一对一面试法是大多数企业普遍采用的面试方法，非常适合中小型企业。这种面试方法由一名面试官对一名应聘者，优点是给应聘者的压迫感不会很强，双方可以更深入、坦诚地进行交流。下面来看一个一对一面试的案例。

范例解析 新媒体运营岗一对一面试

某公司招聘新媒体运营经理，在对应聘者的简历进行筛选后，人事专员电话邀约刘×来公司面试。此次面试采用一对一面试，公司人力资源部经理张××为面试官。面试当天，人事专员引导刘×进入了面试厅，随后开始面试。

面试官：你好，刘×，请你做一下自我介绍吧。

应聘者：您好，我毕业于××大学市场营销专业，毕业后在一家互联网公司从事新媒体运营工作，工作期间，我先后运营了××、××新媒体平台，也策划了××线上活动，有成功的平台运营经验。希望我能顺利通过公司的招聘，谢谢。

面试官：看得出来，你有丰富的新媒体工作经验，在之前的公司你的同事是如何评价你的？

应聘者：公司同事都认为我是一个开朗好相处的人，不过工作的时候却比较严肃认真。

面试官：好的，我在你的简历中看到，你运营××账号目前有××万的粉丝量，能简单说说你是如何提升粉丝量的吗？

应聘者：我刚拿到这个账号时，粉丝量只有一两千，起初也很头疼。后面我深入分析了该账号涨粉慢的原因，通过多平台发展公域流量，再结合分享裂变等活动方式来实现快速涨粉。

…………

面试官：对于加班你是如何看待的。

应聘者：我认为有适当的加班是很正常的。

…………

结束面试后，面试官对刘 × 的面试评价是优秀，最终刘 × 也被公司录用，从事新媒体运营工作。

上述案例中，面试官通过提问的方式了解了应聘者的个人信息、工作经历等，实际开展一对一面试时，面试官可以先设计面试题库，也可以随机提问，只要能全面考察应聘者，选出优秀人才即可。

3.2　掌控面试操作流程

面试官应清楚面试的所有环节，并且要在面试前组织安排好面试相关事宜，以保证面试工作的有效开展，为公司招聘到优秀人才。

3.2.1　面试前的准备工作

在招聘面试中，也常常会遇到应聘者在面试通过后放弃入职的情况，原因可能是面试时公司没有给应聘者留下好的印象，无法吸引应聘者。因此，在正式开始面试前，人力资源部以及面试官都要做好相关准备工作，这对提高招聘录用率会很有帮助。

（1）熟悉简历

在面试环节，面试官要针对应聘者的简历提问，为保证面试的顺畅进行，面试官要提前熟悉每一位应聘者的简历，需要重点查看以下信息。

①应聘者的基本信息，包括应聘者的姓名、性别、年龄等基本信息，以便在面试时能准确叫出应聘者的名字。

②应聘者的学习经历，包括学历、专业以及接受技能培训的情况，具

体内容如图 3-6 所示。

```
┌──────────────┐                    ┌──────────────┐
│   教育经历    │                    │   培训经历    │
└──────────────┘                    └──────────────┘
```

| 最高学历和学位 | 第一学历和学位 | | 本岗位相关培训 | 非本岗位相关培训 |

图 3-6　了解应聘者的学习经历

③应聘者的实习经历或工作经历，这部分信息需要重点把握和阅读，查看简历时需要关注如图 3-7 所示的内容。

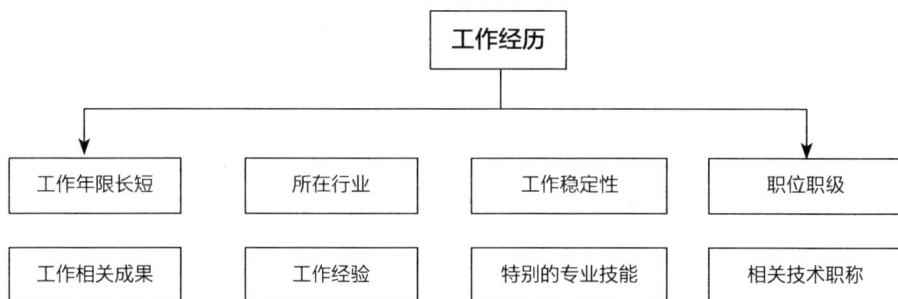

```
              ┌──────────┐
              │  工作经历  │
              └──────────┘
```

| 工作年限长短 | 所在行业 | 工作稳定性 | 职位职级 |

| 工作相关成果 | 工作经验 | 特别的专业技能 | 相关技术职称 |

图 3-7　了解应聘者的工作经历

④应聘者的求职意向，比如想要从事什么行业、岗位，期望薪资等，求职意向在很大程度上会影响应聘者的职业选择。

除此之外，面试官还可以查看应聘者的兴趣爱好、荣誉奖励、个人特长等，针对简历中没有说明或者存有疑义的内容，面试官可以在简历中进行标注，以便在面试时询问应聘者，常见的标注内容见表 3-11。

表 3-11　常见的简历标注内容

要　点	注意事项
工作空挡	如果应聘者的工作经历中出现了较长时间的空闲，如半年、一年甚至两年以上，那么面试官需要特别留意，面试时可以就空闲时间进行提问
勤换工作	应聘者更换工作的频率也是面试官需要留意的，若应聘者更换工作频繁，面试官可以在面试时了解原因，让其做出合理解释

续上表

要　点	注意事项
额外培训	额外培训是指工作之外的相关培训，若应聘者有非本岗位相关的培训经历，那么可从侧面展现其上进好学的人生态度，如果应聘者没有任何培训经历，那么面试官可在面试时考察其学习能力，了解其是否有进修的意愿
离职原因	大多数情况下，应聘者不会在简历中透露自己离职的原因，但这一点却是面试官有必要了解的，因此，可在简历中将最后一次工作经历标注出来，以便在面试时了解其离职原因
信息错误	简历中若存在前后矛盾、信息错误的内容，面试官需要特别标注，以便在面试时进行核实，如果应聘者无法就相关错误信息进行解释，其简历可能存在造假嫌疑

（2）面试所需物件

在面试面谈中需要使用的物件也需要提前准备齐全，主要是展示公司形象及提供给应聘者使用的物件，如以下这些。

①等候区的茶水。在同一时间段，可能会有多名应聘者前来参加面试，应聘者到达公司后如果需要其等待，应为其提供茶水，这能消解应聘者等待的焦虑感，也能树立公司的良好形象。

②招聘展架。对于大型招聘而言，可以在入口处摆放招聘展架，显示公司对此次招聘活动的重视程度。展架中的内容可以包括招聘宣传语、公司介绍、拟招聘岗位、公司二维码等。

③公司宣传册。在应聘者等待时可以向其发放公司的宣传册，通过阅读宣传册应聘者可以对公司有更全面的了解。

④宣传海报。在面试等候区也可以张贴宣传海报，展示企业文化、发展理念以及荣誉称号等，以体现企业实力。

⑤面试场所和座椅。面试场所和座椅也是必备物件，场所内要干净整洁，座椅根据面试需要来安排和摆放。为避免面试时被他人打扰，可以在面试室大门上粘贴"请勿打扰"提示。

⑥其他物件。面试前如果需要应聘者签到、登记，还需准备签到表、

登记表、中性笔，除此之外，面试官还要准备好面试评估表、面试试题、笔记本等物件，表 3-12 为面试签到表。

表 3-12 面试签到表

面试人员姓名	性　别	到达时间	签　字	备　注

（3）着装得体

面试环节中，接待人员以及面试官的着装也会影响应聘者对公司的印象，为展现公司的良好形象，接待人员以及面试官都应注重着装。着装最好能给人以稳重、专业、可靠的印象。当然，一些以创意为主的企业为体现企业文化和团队风格，在着装上也不必中规中矩。一般来说，接待人员以及面试官的着装应符合以下要求。

①面容清爽整洁，打理好发型，仪表修饰与自身性别、年龄、气质等相协调。

②佩戴的饰品数量应该遵循适度性原则，以让整体仪容仪表看起来自然得体，不会给人以不适感。

③确保服装干净整洁且合身，衬衫、西服一定要熨烫平整，不可有过多褶皱。

除以上一些准备工作外，在面试前还需要提前调试好相关设备，保证设备、用电、用网没有问题。面试官要提前准备好面试相关资料，按面试时间先后或应聘者姓名首字母对简历进行排序，以便在面试时能够快速找出相应的简历。同时，安排好面试接待事宜，交代前台人员做好面试接待工作，为应聘者领路、提供茶水等。

3.2.2　高效面试的四个步骤

面试面谈大致可分为四个步骤，分别是面试安排告知、面试开场、面试沟通和结束面试。

（1）面试安排告知

应聘者到达公司后由面试接待人员负责迎接，接待人员要带领面试人员到等候区等候，并为其准备茶水。同时，告知面试人员本次面试的具体安排，包括面试流程、时间和面试官信息。若需要面试人员等待较长时间，应提前告知，并询问面试人员是否需要帮助。

（2）面试开场

应聘者到达面试室后，先安排其落座然后开始面试，面试开场的时间不宜过长，1～3分钟即可，开场白可包括以下内容。

①欢迎应聘者：双方落座后，面试官应先表示欢迎，然后进行自我介绍，告知对方自己的姓名和职位，为面试打好基调。

②核实身份：核实应聘者的身份，以确保手中的简历与面试人员能够对应。

③告知面试目的：告知应聘者面试的目的，主要是为了双方能进一步深入了解。

良好的面试开场有助于营造和谐的面试氛围，如下所示为一些面试开场语，供借鉴参考。

范例解析　面试官开场语

开场语 1

×××，你好，恭喜你进入本次面试，我是此次面试的面试官×××，今天主要是希望通过交谈增进对你的了解。你在回答问题时可以考虑一下，不必紧张。现在，你准备好了吗？

开场语 2

你好，是 ××× 吧，请坐。

我是公司的 HR××，你可以叫我 ××。首先，欢迎你来公司参加面试，想必你已经清楚了此次面试的流程，让我们开始吧。

开场语 3

×××，早上好，祝贺你通过简历初审。此时面试的时间为 30 分钟，期间我会提出一些问题，以便对你进行考察，你也可以针对自己想要了解的进行询问，我会为你解答。

开场语 4

×××，感谢你能抽出时间前来公司做进一步交流，在电话中我们已经有过初步沟通，这次交流主要是想进一步了解你的工作能力与综合素质，你也可以深入了解我们公司和工作情况。

开场语 5

应聘者：（敲门）

面试官：请进，请问你找谁？

应聘者：你好，我接到贵公司的面试通知，让我来找 ×× 面试。

面试官：我就是，请坐。

应聘者：谢谢（落座）。

面试官：你叫什么名字？

应聘者：我叫 ××，很开心能够获得此次面试机会。

面试官：（微笑）××，很高兴见到你，我这边已经查看过你的简历，这次面试主要是双方做进一步交流，请你先做个自我介绍。

（3）面试沟通

面试是一个双向交流的机会，在沟通过程中双方能相互了解，面试官可以更准确地判断是否对应聘者予以录用，应聘者也可以决定是否受聘。沟通时，面试官可从表 3-13 所示的几个方面来考察应聘者。

表 3-13　面试沟通考察方式

考察方向	具体分析
整体印象	在面试开场环节，面试官和应聘者通常会有一个简单的寒暄，以拉近双方距离。在该环节，面试官可以通过应聘者的仪容仪表、言行举止、用语等方面对其做一个整体判断
简历真实性	一些应聘者的简历可能存在造假嫌疑，因此，面试官有必要通过面试沟通了解应聘者的简历是否真实可信
表达能力	面试官提问后，应聘者会针对该问题进行回答，通过其回答面试官可以了解应聘者的语言表达能力
工作能力	工作能力决定了应聘者能够胜任某项工作，这也是面试沟通的重点，面试官可观察应聘者的行为表现，了解其工作经验，判断其是否具备岗位所需的某些能力
应变能力	面试官也要注意观察应聘者的临场应变能力，看应聘者是否能在一些意想不到的问题上有很好的表现

（4）结束面试

面试应该有始有终，对于结束面试很多面试官往往不以为然，认为说声"再见"就可以结束面试了。实际上，结束面试并非想象中那么简单，如果双方正在热烈讨论或争论时，而突然结束面试，这样必然会影响应聘者对公司的看法，也会显得很不礼貌。

因此，面试官应清楚如何结束面试，把握好结束面试的时机，给面试沟通画下最佳句号。

3.2.3　面试沟通的具体内容

在面试沟通环节，面试官要围绕岗位核心胜任特质对应聘者进行提问，从提问的类型来看，主要包括以下几种。

（1）开放式问题

在面试开场时，为消除应聘者的紧张感，让其放松下来，可以提一些开放型问题，给面试人员自我发挥的空间，常见的开放式问题有以下一些。

范例解析 沟通开放式问题

问题 1：请简单介绍下自己？

问题 2：请用三分钟简单谈一下自己？

问题 3：请说一说应聘这份工作的原因？

问题 4：你学过哪些课程，具备什么专业知识？

问题 5：你的职业发展规划是什么？

问题 6：你有哪些兴趣爱好？

问题 7：你有什么优点和缺点？

问题 8：应聘这份工作，你认为你有哪些优势和不足？

开放式问题并没有标准答案，但并不代表开放式问题不能对应聘者进行考察，通过开放式问题，可以考察应聘者的语言表达能力、总结归纳能力以及时间把控能力等，比如在面试时让应聘者花 3 分钟时间做个自我介绍，但其却用了 20 分钟做自我介绍，这在一定程度上可以反映应聘者对时间的把控能力较为欠缺。

（2）胜任力问题

胜任力问题主要考察应聘者与岗位是否匹配，主要沟通内容包括应聘者的从业经历、学习经历、对新工作的理解、行业见解、离职原因、求职意向、工作期望和要求等，如下为常见的关于胜任力的问题。

范例解析 沟通胜任力问题

问题 1：你上一份工作的主要职责是什么？

问题 2：在工作中取得的主要工作成就有哪些？

问题 3：你的专业与这个职位并不对口，为什么要应聘这个职位？

问题 4：对于本行业，你有哪些自己的见解？

问题 5：请问你是出于什么原因离开原来的公司？

问题 6：上一份工作的薪资待遇是多少？对本岗位期望的薪资待遇？

问题 7：你对公司提供的工作有什么希望和要求？

问题 8：你讲述一下你的职业规划？

问题9：谈谈你对加班的看法？

胜任力问题的提问方式比较具有多样性，面试官可灵活提问，交流时要注意观察和倾听，以了解应聘者的专业知识、对待工作的态度、个人实力、工作稳定度以及期望薪资待遇等。

（3）挑战类问题

挑战类问题具有一定的挑战性，主要考察应聘者的应变能力、情绪控制能力、分析判断能力、抗压能力等，如下所示为常见的挑战类问题。

范例解析 沟通挑战类问题

问题1：我们认为你的工作经历不够丰富，无法胜任该岗位，你怎么看？

问题2：你觉得应聘这份工作，自己还欠缺什么？

问题3：你认为你能通过此次面试吗？理由是什么？

问题4：应聘这个岗位的应聘者有10人，但只录取1人，我们为什么要录取你？

问题5：如果公司录用了你，你打算工作多久？

问题6：你认为自己最大的弱点是什么？

问题7：以前从事的工作中，你不喜欢的是什么？

问题8：在此前的人生经历中，你做过什么重要的取舍？

问题9：在执行某一工作任务时，你觉得领导的指示不对，你会怎么做？

问题10：如果你的工作出现失误，给公司造成损失，你认为该怎么办？

问题11：你和同事发生过争执吗？具体是如何解决的？

挑战类问题通常是应聘者较难回答的问题，通过这些问题可以深入挖掘更多有用信息，考察应聘者如何解决问题、应对压力。

（4）陷阱类问题

陷阱类问题在面试中也常常会用到，是为了全面深入地了解应聘者而特意准备的问题，往往也是面试中最难回答的问题，如下所示为常见的陷阱类问题。

范例解析 **沟通陷阱类问题**

问题 1：你对我们公司有足够的了解吗？

问题 2：你希望和什么样的领导或同事合作？

问题 3：对于这个岗位，你有哪些可预见的困难？

问题 4：你被公司录用后，发现这个岗位并不适合你，你会怎么办？

问题 5：谈一谈你的一次失败经历？

问题 6：你是如何看待学历和能力的？

问题 7：假如公司录用了你，但只让你干一些简单的杂务，你会接受吗？

陷阱类问题可以很简单直接，也可以设定一个具体的情景，面试官可结合岗位所需的特殊能力来设计，如团队合作精神、组织能力、学习能力等。

面试面谈是一个互动的过程，应聘者在面谈时也会想要了解公司，以确认公司是否适合自己，因此，对于应聘者可能询问的问题，面试官也应有所准备，如以下一些问题。

范例解析 **应聘者常见提问问题**

问题 1：项目团队最大的成就是什么？

问题 2：岗位的薪资是多少，有哪些福利或津贴？

问题 3：岗位绩效一般多久评估一次？

问题 4：公司提供岗位培训吗？

问题 5：领导者是如何促进员工成长的？

问题 6：这个岗位的主要职责有哪些？

问题 7：您在公司工作多久了？在这里工作，您最享受什么？

3.2.4　如何结束面试对话

结束面试也是有技巧的，不管是否决定录用应聘者都要注意结束语的用词，结束面试面谈有以下一些技巧。

①不可在双方就某一问题正在讨论时草草结束面试，如果面试出现了僵局，应及时缓和气氛，并在气氛缓和后结束面试。

②面试时若发现双方已经沟通得差不多了，谈话内容已渐渐枯竭时，就可以及时结束谈话了。

③留意应聘者的表情、行为、话语等，看其是否有对谈话失去兴趣的暗示，比如有意识地看表、坐立不安、心神不定等，如果有，即使没有完成深入沟通也可以结束面试了。

④结束面试不能给应聘者粗鲁无礼的印象，准备结束谈话之前可以询问应聘者是否还有需要了解的，若没有，则可以结束谈话，注意避免突然结束，匆忙离开。

⑤微笑着结束面试面谈，交谈结束时也可以祝贺应聘者，这能给应聘者留下良好的印象。

范例解析 面试面谈结束语示例

结束语示例 1

面试官：今天的面试到这里就结束了，感谢您的参加，还有什么需要了解的吗？

应聘者：没有了。

面试官：好，您这边可以先回去了，我们会在三个工作日内通知您面试结果，请保持电话畅通。

应聘者：好的，谢谢。

结束语示例 2

面试官：请问还有没有什么疑问，可以现在提出来？

应聘者：大概多久能通知面试结果呢？

面试官：我们需要时间考虑，会在一周内电话通知您面试结果。

应聘者：如果在最后期限都没有收到通知，我可以联系您吗？

面试官：您放心，如果有结果我们会第一时间通知您，请耐心等待。

应聘者：期待能得到贵公司的赏识，劳烦你们了！

面试官：感谢您参加此次面试，回去路上注意安全。

结束语示例 3

面试官：下周一您可以过来上班吗。

应聘者：我这边还需要考虑一下。

面试官：那您考虑好了请在周一前主动联系我，若没有联系我们会视为您放弃入职机会。

应聘者：好的，我会认真考虑的。

结束语示例 4

应聘者：这次面试让我对贵公司有了更深入和全面的了解，这个岗位和公司愿景都与我的求职意向相契合，希望我能顺利通过公司的招聘，谢谢。

面试官：今天和您沟通很愉快，希望有机会成为同事。

应聘者：谢谢，和您谈话我也觉得很愉快，请问最晚什么时候能回复面试结果？

面试官：具体的面试结果，明天我们会电话跟您联系。

应聘者：好的，那我这边先回去了。

面试官：慢走，回去路上注意安全。

结束语示例 5

面试官：今天我们的面试就到此结束，一周之内，我们会将面试结果通知于您，怎样和您联系比较方便？

应聘者：您可以通过拨打简历中的电话联系我。

3.3 做面试现场的控制者

在面试面谈过程中，面试官要营造良好的面试氛围，以让应聘者能够更加轻松地进入面试状态，同时，要注意掌控面试节奏，使双方都能获取有用的信息，这能帮助面试官和应聘者做出正确的选择。

3.3.1 初试面谈操作指引

部分公司的人才招聘会按照资格初审→初试面谈→复试的流程来进行，

在初试面谈环节，需要判断应聘者对岗位的求职意向，同时，通过面试中应聘者言语、肢体等传递出的信号来了解其综合素质。在初试面谈过程中，面试官可按以下流程进行面谈。

①暖场并建立话题：开始面试后先暖场，以消除应聘者的紧张感。首先，热情地向面试人员打招呼，并做自我介绍，让对方清楚我们的身份。然后，简单寒暄，可以聊一些与工作无关的话题，以让对方感到轻松、舒适为宜，如询问应聘者一路过来顺利吗，到公司用了多久的时间，给应聘者倒杯水等，可从交通、天气、语言习惯等方面建立话题。

②从熟悉的内容入手：面试面谈要循序渐进，可先从应聘者比较熟悉的内容入手，询问一些开放式问题，进一步消除应聘者的紧张情绪，同时，注意观察应聘者的表达能力。

③综合素质考察：询问应聘者一些开放式问题后，可逐步引出关键性问题，通过关键性问题对应聘者的综合素质进行考察，可结合面试题库进行提问，也可以根据现场面试情况随机提问。

④总结并结束：在面试结束前可让应聘者对一些问题进行概括或总结，然后询问其是否还有问题，这能够了解应聘者对岗位以及公司的理解程度，同时，也给了应聘者最后的表现机会。最后对应聘者前来参加面试表示感谢，双方礼貌道别。

在初试环节，面试官可根据自身习惯规划面试时间，将面试时间划分为多个时间段，每个时间段设计不同的面试内容，以更好地掌握面试进度。假设预估的面试时间为30分钟，将30分钟划分为五个时间段，具体的时间安排如下所示。

①5分钟时间了解应聘者基本情况。

②5分钟时间询问应聘者求职意愿、工作经历等。

③5分钟时间沟通岗位基本情况，包括薪资待遇、工作时间等。

④5分钟时间介绍公司基本情况，包括公司实力、愿景等。

⑤10分钟时间让应聘者提问并答疑解惑。

知识扩展 初试和复试面试官的选择

在初试环节主要是对应聘者的综合素质进行考察，因此，可由人力资源部负责人对应聘者进行面试。在复试环节需要考察应聘者的专业知识、技能以及工作能力等，所以可由用人部门负责人担任面试官。对于一些核心岗位、管理岗位，还可以由人力资源部负责人、用人部门负责人、总经理一同复试。

3.3.2　营造良好的面试氛围

面试时的氛围应该是舒适、宽松的，这能让应聘者有更好的发挥，面试官可从环境布置、座位安排、开场用语等方面来营造良好的面试氛围。

面试的环境一定要保证安静，不可在嘈杂的环境下进行，一般来说，可选择面试官的办公室、公司会议室等场所作为面试室，面试场所应有适宜的光线，室温以人体感觉舒适为宜。在面试开始前，面试官最好将手机调为静音或者免打扰模式，以保证面试时不会被打扰。

前面介绍过面试常见的几种座位安排方式，不同的位置方式，给应聘者带来的心理压力也会不同。在一对一面试中，面试官可与应聘者斜对角坐在桌子相邻的两侧，这种位置方式可以很好地捕捉面试人员的面部表情和肢体语言变化，也不至于给应聘者太强的压迫感，能让双方感到平等、亲切。如果采用面对面相对而坐的位置方式，特别是在距离较近的情况下，面试官的眼睛会直射对方，这容易使面试人员产生紧张的心理，不利于面试发挥。

开场用语也会对面试氛围产生影响，如果面试官一开始就以质问的语气开场，这容易使面试人员产生心理压力，也不利于营造轻松愉悦的面试氛围。面试开场时，面试官应表情自然，不可表现得过于严肃，可以面带微笑，这能让面试人员感到放松。

面试官需要注意，不能将面试变成"审问"，虽然企业在面试招聘中有主动权，但应聘者同样也会择优选择公司。如果面试官表现得高高在上，将很难赢得应聘者的好感，甚至可能导致企业错失优秀人才。所以，在面试中面试官要营造融洽的互动氛围，不能蓄意"刁难"应聘者，而应表现得友好有礼，这样才能获得真实信息。

3.3.3　面试官的心态控制

企业在招聘面试中会遇到不同学历、性格、经历的应聘者，双方在面试中也可能产生不愉快，作为面试官，要学会控制自己的情绪，用良好的心态面对每一场面试，具体内容如下所述。

（1）积极抗压

企业也存在招聘竞争，如果企业长时间招聘不到合适的人才，面试官也会有心理压力。除了招不到人带来的困扰外，招聘面试工作量大也会带来压力。所以，面试官应有抗压心态，避免焦虑心理影响面试工作。在日常生活和工作中，面试官要学会从容面对压力，并且学会释放压力，将压力转化为正能量，能帮助自己用积极的心态去面对招聘面试工作。

（2）放松平静

在面试中，面试官要让应聘者放松，也要让自己放松。有的面试官可能会因为经验不足而导致面试时被应聘者乘虚而入，以至于做出了错误的招聘决定。所以，面试官应在面试中保持放松，不让应聘者感到过度紧张，也让自己平静下来，以良好的心态开展面试工作，以下一些方法可以帮助面试官平静下来。

①面试开始前的 15 分钟，先放下手中的其他工作，进入卫生间整理仪容仪表，保证面容和着装整洁得体。

②回答办公室后查看应聘者的简历，对其基本信息做到心中有数，以便于在面试时可以顺利打开话匣。

③准备好面试所需相关物件，如面试评价表、中性笔等，查看提前准备好的面试题库，明确在面试中需要考察的维度。

④开始面试前向自己微笑，进行几次深呼吸，在心中默念"我准备好了"，然后通知应聘者进行面试。

（3）客观包容

无论应聘者表现是好还是坏，面试官都应以客观包容的心态对待应聘者，切忌贬低应聘者。如果在面试中与应聘者产生了冲突，这时候不应与应聘者斤斤计较，而应用职业化、专业化去取胜。很多公司都需要多元化的团队，这样团队成员能够互补，每一个员工都有发挥潜力的机会。如果面试官在招聘时不能包容多样化的应聘者，企业也很难组建多元化的员工团队。

（4）公平公正

所谓公平公正就是对待所有应聘者一视同仁，这样才能为企业筛选出最合适的人才。有的面试官可能存在学历歧视、性别歧视的情况，或者破例录用无法胜任岗位工作的亲朋好友。作为面试官，应本着公平公正的态度进行面试，这也是面试官应具备的基本素质。

面试的主观随意性是影响面试结果公平公正性的主要因素，因此，企业可建立面试环节公正机制，以确保招聘面试是以平等、公开、竞争、择优的原则进行的，具体可参考以下规范来保证面试环节公平公正。

①程序规范：保证招聘面试的程序是规范的，确保每一位应聘者都按照企业的招聘流程参加面试，避免搞特殊或者漏走某个步骤使招聘录用有失公平。

②题目规范：面试问题具有很大的随意性也会影响面试结果的公平公正性。针对同一岗位，面试官可以根据岗位胜任素质设计严谨、统一的面试问题，避免随机提问遗漏重要信息、面试提问与岗位不相关、面试问题没有规范标准、重复提问等现象的发生。

③面试官规范：面试官的个人素质和能力也会影响面试的整体质量，在面试时，面试官可能先入为主或者以偏概全，使得面试结果有失公平。

作为面试官，应掌握面试所需具备的技能，同时提高个人修养，做到客观公正。针对一些重要的核心职位，可由多名面试官组成面试团队，使面试官在性别、年龄、职务等方面互相搭配，保证考察结果的准确性。

④建立监督机制：招聘面试若由面试官一人说了算，会存在暗箱操作的可能。要有效避免暗箱操作，比较好的方法就是建立面试监督机制，加强对面试现场的监督，以敦促面试官更公正地评价应聘者。

3.4 面试过程中的注意事项

面试官是整个招聘面试过程中的关键人物，最终的工作结果关系着整个企业的团队建设。在面试环节还有许多注意事项需要面试官留意，以便对是否录用做出准确判断。

3.4.1 面试中如何看出假简历

简历造假在招聘面试中也时有发生，面试官要能识别简历内容的真伪，一般来说，应聘者可能会从学历、工作经历、薪资、职业资格等方面对简历造假。那么面试官如何辨别简历是否造假呢？虚假简历会有表 3-14 所示的一些表现形式。

表 3-14　虚假表现形式

表现形式	具体分析
时间矛盾	简历前后时间衔接不正确，这种造假方式比较好识别，比如某应聘者简历中关于工作经历的描述是 2020 年 9 月 ~2022 年 9 月仓库主管、2019 年 1 月 ~2021 年 12 月仓储经理，从时间衔接上来看，该应聘者存在同一时间在两家企业工作的情况，那么其简历就可能存在造假嫌疑
虚假学历	虚报简历中的毕业学校、最高学历、主修专业等，比如主修市场营销专业，简历上写的却是人力资源管理专业

续上表

表现形式	具体分析
全能人才	这类简历的特点是具备岗位所需的所有能力，比如某应聘者简历中关于个人能力的描述是本人知识面广，文字功底强，会写文案，懂运营、营销、管理，熟练掌握编程、平面设计，有新媒体、会展策划、推广等工作经验
夸大职务	有的应聘者为了突出自己的工作能力和职务级别，会在简历中夸大自己的任职职务，比如将销售助理岗位写成销售经理
增加工作内容	主要特点是在工作经历上夸大工作绩效、工作的复杂性，人为增加工作范围和内容
虚报薪资	有的应聘者为了提高岗位薪资，会虚报原任职公司薪资收入，如把薪资中的最高工资说成是最低工资，或者将 5 000 元的岗位薪资写成 8 000 元

不管从何种渠道获得的简历，都不能百分百保证其真实性，除了要在简历筛选环节加强审核外，在面试环节也要细心甄别。面试官可通过以下方法来破解虚假简历。

①肉眼判断法：有的虚假简历很容易识别，面试官只要稍加留心就能看出猫腻，比如简历中显示应聘者毕业仅半年，简历中的工作时间却有两年。

②面试询问法：针对简历中不合理或者是值得怀疑的部分，面试官可在面试中通过询问来验证，如果简历是编造的，应聘者在面试会出现答不上来、回答支支吾吾、下意识停顿思考、眼神慌乱等情况。

③网上查询法：可通常网上查询的方式验证简历信息是否真实，如应聘者的工作经历中写了 ×× 有限公司，但经网上查询，该公司并不存在，又或者简历中写了毕业于 ×× 院校，但查询后根本没有该学校。

④询问核实法：针对简历中的工作经历，可通过询问的方法进行核实，联系应聘者所在公司，了解其任职时间以及工作岗位等。

3.4.2　应聘者对职位薪资的询问

在面试过程中往往会谈论岗位的薪资待遇，这一话题是面试官不能回避并且非常重要的，因为，这是大多数应聘者最为关心的问题。那么面试官要如何把握谈薪资环节呢？首先要做到以下三点。

①了解岗位薪资结构。面试官要对岗位的薪资结构有足够的了解，包括公司的薪资制度、激励机制、福利体系等，只有对薪酬体系有足够的了解，才能在面试中清楚地告知应聘者岗位薪资概况。

②了解应聘者人薪资。在与应聘者进行面试沟通时，要尽量详细地了解其最近一份工作的薪资构成情况，包括底薪、补贴、奖金等，同时，了解应聘者对薪资的期望值。这能够便于在面试时给出合理的薪资，如果应聘者期望的薪资过高，或者是不合理的，这时可以适当引导，看其是否能接受本公司提供的薪资待遇。

③了解行业薪资状况。面试官还要了解行业薪资状况，如果公司的薪资待遇远低于行业水平，那么薪资就很难成为企业招聘的优势，可从其他方面吸引应聘者；如果公司的薪资待遇与行业水平相当，那么针对部分优秀的应聘者，可在面试中尽量争取，让其感受到公司的诚意；如果公司的薪资待遇高于行业水平，面试官大可将薪资作为公司优势。

做到以上三点后，在和应聘者谈论薪资待遇时就会有一个很好的基础，具体谈论薪资待遇时还要把握以下几点。

（1）不要过早谈薪资

在面试过程中不要过早地谈论薪资，要在初步判断应聘者适合该岗位后再谈论薪资。谈论薪资时，可以先询问应聘者的期望薪资，并从多方面了解应聘者对薪资的心理底线，以便在薪资谈判时能够获得主动权。如果应聘者期望的薪资与企业能够提供的薪资差距很大，那么该应聘者也不是合适的人选。

（2）根据薪酬预算来谈薪

每个企业都有自己的薪酬预算，在面试中，如果察觉应聘者很在意薪酬，并且期望的薪酬和市场行情相符，也在公司预算范围内，那么面试官不妨爽快答应，当然，前提是应聘者符合岗位招聘要求。

如果应聘者期望的薪酬超过了公司的薪酬预算范围，针对优秀的应聘者，面试官应尽量争取，让对方看到公司的诚意，切忌轻易承诺企业不能给出的薪酬。

在谈薪时不能狭隘地谈底薪，可详细介绍底薪、绩效、福利、补贴等，向应聘者展现工作环境、公司氛围、发展前景等，这些虽然不能用金钱来衡量，但也可以作为谈薪的筹码。

（3）谈薪态度要诚恳

在谈论薪酬时，面试官的态度也很重要，面试官应秉着真诚的态度与应聘者谈论薪资。要明白，谈薪的目的不是将应聘者的薪资打压到最低，而是在应聘者的期望和公司的薪酬体系之间寻找平衡点，如果面试官态度真诚，也很可能因此打动应聘者，使得应聘者接受岗位薪资。

（4）说服对方作出一定让步

当应聘者面对的竞争对手比较多时，为了能够获得这份工作，他们有时会在薪资安排方面作出一定的让步。这时，面试官可以强调当前岗位竞争的激励性，指出应聘者的不足之处，告知行业薪资水平，引导应聘者降低对薪酬的期望。

在降低应聘者对薪资的预期时，也要强调公司的其他优势，用其他加分项来替代工资，这样才能吸引应聘者选择公司，如职级提升、更多发展空间、增加福利等。

为了避免应聘者在薪酬方面造假，或者虚报高工资，面试官可要求应聘者提供工资收入流水，以了解应聘者真实的薪酬待遇情况。

（5）告知应聘者定薪原则

大多数公司都有自己的薪酬管理制度，也不会轻易调整薪酬制度。在面试面谈过程中，面试官应明确告知应聘者公司的定薪原则，坚定地告知应聘者以下两点。

①公司有自己的薪酬体系，定薪规则会遵循公司薪酬体系规划，对每个应聘者来说都是公平公正的。

②电话中沟通的薪酬是一个参考范围，并非唯一依据，面试通过后，会参考应聘者的期望、能力以及市场薪酬情况来定薪。

（6）绘就发展蓝图

很多应聘者对于自身的职业规划都是比较迷茫的，对于此类应聘者，可在面试中强调公司的发展空间，坚定地告诉应聘者，进入公司后，其在职业发展和薪酬方面会有很大的成长空间。如果应聘者还是犹豫不决，可以再次强调后期薪资增长的可能性，如正式入职后，公司会根据个人能力和贡献为应聘者进行薪资调整，薪酬会有显著的增加。

第4章

提问与倾听，对应聘者进行摸底

　　仅仅通过简历很难全面地了解应聘者是否能胜任岗位，面试是人才招聘的重要环节，在面试面谈阶段，面试官可以对应聘者多方面的素质、能力进行考察，从而决定是否予以聘用。要想准确地测评出应聘者的实际工作能力，在面试环节要懂得提问与倾听。

4.1 面试官的提问与互动

面试提问的方式有很多种，提问的目的在于考察应聘者的职业技能、工作动机、工作能力等。面试提问应该循序渐进，有组织、有计划地进行，即使面试气氛融洽，又能全面深入了解应聘者。

4.1.1 有效提问和无效提问

在面试面谈中，面试官提的问题并不都是有效的，有效的提问应基于面试沟通的目的来进行，无效提问往往会使面试效果大打折扣。那么什么是有效提问和无效提问呢?

（1）有效提问

在面试中对应聘者提问需要循序渐进，不要提一些无意义的，或者与面试毫不相关的问题，有效的面试问题具有以下特点。

①准确易懂：有效的提问应该是准确易懂的，让应聘者能够快速理解问题，面试官要用通俗浅显的语言来表述问题，避免用不流行的地方方言提问，这可能导致应聘者无法理解。

②不涉及隐私：有效的面试问题应仅针对应聘者的素质能力，不应涉及个人隐私、人格以及商业机密等。

③层层递进：面试提问要由易到难、层层递进，面试官应对问题的整体结构进行把控。根据面试时间的安排，注意控制话题数量，保证应聘者有充足的时间回答问题。

④能得到有价值的信息：有效的面试问题能帮助面试官得到有价值的信息，所以，有效的面试问题应是能够反映应聘者的某项能力的，这样面试官才能对应聘者的回答作出有效评价，从而判断应聘者是否能达到岗位用人要求。

（2）无效提问

无效提问无法实现面试的预期目的，面试中常见的无效问题具有以下一些特点。

①问题设置不合理：这是无效问题的常见特点，比如有的面试官会询问应聘者"你喜欢什么色彩"，这样的问题就是典型的设置不合理的问题，应聘者对色彩的偏好与要考察的能力没有直接联系。

②提问类型过于单一：面试中提问的类型可以具有多样性，单一问题可能无法全面了解应聘者各方面的能力，也容易让应聘者感到疲劳，面试官可以将开放型问题、假设型问题、封闭型问题等结合起来使用。

③问题具有诱导性：面试问题可以具有引导性，但不能具有暗示性和诱导性，诱导性问题具有明显的导向性，应聘者很容易判断面试官的喜好，从而做出迎合面试官的回答。不管是开放式提问，还是封闭式提问，都要注意问题不应暗示或诱导应聘者做出有观点倾向的回答。

④问题过于概括：面试问题过于概括，会让应聘者不清楚应该如何作答，在面试中，要了解应聘者的工作经历、行为事例是否真实，精准提问是很重要的，概括性的问题无法对细节进行考察，比如面试中提问"你是如何处理工作任务的"，这样的问题就比较概括，要准确判断应聘者的真实能力，可以让提问更精准、更具体，如"同时接到多项工作任务时，你是如何处理的"。

⑤假设不恰当：在面试面谈时，有时面试官会提一些假设性问题，但如果假设不恰当也能有效测评应聘者，面试官可以根据绩优员工的真实案例来设计假设性问题。

4.1.2　几种面试提问的方式

面试主要以面对面交谈为主要方式，前面介绍过面试提问的几种类型，作为面试官，还要了解并掌握面试提问的方法，并在面试面谈中灵活运用，下面来看看几种常见的面试提问方式。

（1）封闭式提问

封闭式提问与开放式提问相对，这种提问方式有明确的答案，留给应聘者发挥的空间较少，也不要求应聘者发散思考，只需根据实际情况回答即可。一般来说，可针对应聘者的工作经历、学历、兴趣爱好等方面提封闭式问题。

如下所示为常见的封闭式问题。

范例解析 沟通封闭式提问

问题 1：你愿意做新媒体专员还是运营专员？

问题 2：你学的专业是国际贸易吗？

问题 3：你有过财务管理培训的经历吗？

问题 4：你能否在工作中做到抗压？

问题 5：你参加工作的时间有多久了？

问题 6：今天你遇到了一件不开心的事，你的朋友组织了生日晚会，但是并未通知你，你会怎么做？请从以下答案中选择。

①通过微信询问朋友，并主动提出参加晚会。

②向其他朋友打听，自己是不是做了什么事得罪了对方。

③不做出任何行动，一个人在家里烦恼。

④没有放在心上，自己去外面玩。

问题 7：你的意见与上级的意见不一致，你准备怎么办？请从以下答案中选择。

①完全遵循上级意见，按照上级的要求行事。

②坦诚沟通，想办法说服领导。

③按照自己的想法处理事情。

④调整思路，想办法跟上领导的脚步。

在提封闭式问题时应力求简洁，涉及的范围不宜过于广泛，部分问题可以给出预设的答案，让应聘者选择。

（2）引导式提问

引导式提问能够引导应聘者做出特定的回答，一般采用面试官问一句，应聘者答一句的方式。这类问题可以用于征询应聘者的意向，对简历的真实性进行验证，或者用于需要得到肯定回答的问题中。

范例解析 沟通引导式提问

问题 1：你担任互联网推广专员职务期间，推广的内容是什么？采用了哪些推广方式？

问题 2：这个岗位的薪资待遇是 6 000 元～8 000 元，你能接受的薪资范围是多少？

问题 3：请简要说一说制作月工作计划的关键点，先后顺序是什么？

问题 4：在工作中我们需要有责任心，你赞同吗？

问题 5：你倾向于拿固定工资，稳定性高一点，还是浮动工资，通过努力取得高工资？

引导式提问不需要应聘者进行详细解释，只需根据提问简单回答即可。引导式提问又可分为直接引导、间接引导和选择性引导，如下所示为三种引导式提问示例。

①直接引导：你能够应付压力，是吧？

②间接引导：客服专员岗位招满了，销售岗有空缺，不知道你有没有从事销售岗位的意向。

③选择性引导：你希望明天来公司上班还是下周一？

（3）举例式提问

举例式提问常用于考察应聘者的工作能力和工作经验，具体方式是针对应聘者过去的工作经历进行提问，并要求其举例或者通过具体的事件予以佐证。

范例解析 **沟通举例式提问**

问题1：请举例说明在工作期间取得的最好成绩？

问题2：请你举一个例子，说明在完成一项重要任务时，你是怎样和他人有效合作的？

问题3：请举一个你的团队成员在项目合作中充分发挥各自能力和特长的例子。

问题4：请举例说明你上家公司的考核指标是什么？

问题5：请你举一个例子，说明你是怎样学习一门技术并怎样将它用于实际工作中的？

（4）清单式提问

清单式提问是指除提出问题外，还给出几种不同可供选择的答案，这种提问方式给了应聘者回答的思路，在一定程度上也能降低问题的难度，不致使应聘者错误理解面试官的意图。

范例解析 **沟通清单式提问**

问题1：你认为对企业来说什么是最重要的，核心技术、团队人才、产品质量、客户管理还是服务水平？

问题2：你住的地方离公司远吗？是怎么来公司的？

问题3：某天你约了朋友聚餐，但领导临时安排你加班，你是拒绝加班，还是取消聚餐，或是与朋友协商延后？

问题4：你认为你在哪方面的工作能力最突出，是办事逻辑性强、具有创新意识，还是总能快速找到解决问题的方法，或是其他方面？

问题5：你认为管理者在公司扮演的是什么角色，是联络者、管家，还是决策者。

（5）情境式提问

情境式提问是假设一种场景，然后让应聘者结合该场景作答，这种提问方式可以考察应聘者的思维能力、解决问题的能力以及应变能力等。在回答此类提问时，应聘者需要将自己置身于面试官设定的特定环境中，然后考察应聘者的做法或者行为是否恰当。

范例解析 **沟通情境式提问**

问题1：公司有一员工经常早退，如果你是公司人事专员，你会如何处理这件事？

问题2：客户向你抱怨公司产品发货速度慢，影响了他的经营销售，对此你会怎么处理？

问题3：你进入一家公司后，因工作能力突出受到了领导的赏识，同时也获得了职位晋升，但公司其他同事却对你表示不满，并且孤立你，你怎么看这个问题？准备怎么处理？

问题4：假设本年度的绩效考核工作由你负责，但是其他部门的经理都不配合你的工作，这时你会采取什么措施来保证绩效考核顺利进行？

（6）压迫式提问

压迫式提问在面试面谈中不会经常使用，因为在面试中通常需要创造轻松舒适的环境，以让应聘者能发挥出自己的真实水平。但有时面试官也需要给予应聘者一定的压力，以考察其面对压力时的反应以及情绪。压迫性问题就是能制造紧张气氛的问题，此类问题不太好回答，有时还可能让应聘者感到难堪，因此，面试官要慎重使用。

范例解析 **沟通压迫式提问**

问题1：我并没有觉得您应聘这个岗位有什么特别的优势。

问题2：从你学的专业来看，这个岗位并不适合你，你认为呢？

问题3：根据你的表现来看，我们可能并不会录用你。

问题4：从你的工作成果来看，你的绩效并不是很突出。

（7）案例分析式提问

案例分析式提问是指给应聘者提供一个案例，让其根据案例进行分析判断，然后给出自己的答案。此类问题要设计好案例情景，大多数案例并没有标准答案，主要是考察应聘者的反应能力、创新能力。

范例解析 沟通案例分析式提问

问题 1：你有一个长时间跟进的客户，你保持每周发送 1 ～ 2 条消息的跟进频率，但是客户从来没有主动回复，面对这种情况，你还会继续跟进吗？

问题 2：某公司招聘人力资源部经理，在招聘前公司并未对工作岗位进行分析，也没有明确岗位工作内容、流程等，只是要求年龄在 25 岁以上，熟悉劳动法律法规，有人力资源管理相关经验，以至于在招聘面试时不知如何对应聘者进行有效评估，也加大了聘任失败的可能。结合本案例谈一谈岗位分析与人员招聘的关系。

4.2 巧妙提出面试问题

对应聘者进行考察有很多方法，掌握这些方法可以帮助面试官在面试时更加得心应手，充分达到面试的目的。

4.2.1 深入沟通，询问岗位关键事件

对于某些特殊的、重要的岗位，面试官可以采用关键行为面试法对应聘者进行考察。关键行为面试法是通过深度访谈来了解应聘者过去的行为，从而判断其将来的岗位胜任情况。在运用关键行为面试法时，同样会提出一系列问题，只不过这些问题会更多地集中于具有重要意义的关键事件及个人素质上，对关键事件行为进行提问时，要包含以下内容。

①关键事件或工作发生的情景。

②哪些人参与了这项事件。

③应聘者在该事件中是如何做的。

④事件的最终结果是什么。

关键行为面试法的优点在于不仅描述了行为的结果，还说明了产生行为的背景、动机、做法等，因此能够反映出素质能力与行为之间的关系。

但关键行为面试法也有一定的缺点，就是面试时提问和回答所花费的时间相对较多，需要留给应聘者一定的思考时间，且对面试官的要求较高。因此，关键行为面试法通常无法大规模进行，一般在限定职位范围内开展。

在运用关键行为面试法时，面试官要对自己的角色做好定位，注意不要将自身身份定位为以下几种角色。

①调查员：面试官不应将自己定位为调查员，避免以调查个人信息的方式进行提问，如你大学学的什么专业、毕业于哪所院校、从事过什么工作等。这类问题无法体现应聘者的工作能力、价值观、关键素质。

②推销员：在关键行为面试中，面试官也不能将自己当作推销员，避免问"你不认为……吗""……不错吧，请评价一下好吗""你认为产品质量重要吗"之类的问题，这类问题带有一定的倾向性，无法反映应聘者真实的动机和能力。

③理论专家：不要将自己定位为理论专家，避免问"为什么""为何""你的理由是""你对这件事有什么看法""你有什么感受"，这类问题可能无法准确反映应聘者的工作能力。

那么面试官要如何做好行为面试的提问呢？在提问时可以按照以下步骤进行。

①与应聘者寒暄，与之建立信任关系，并让其放松。

②请应聘者介绍自己的关键工作和职责，提问内容可以是你的职级名称、所处的部门、你的直接上级、直接下属有多少、工作的主要任务和职责是什么，这部分内容不必太多，花 3 ~ 5 分钟时间让应聘者介绍即可。

③请应聘者描述工作中的某一关键事件，比如描述一件在工作中提高工作效率的事件，并说明当时的工作任务是什么、处于什么样的情形 / 背景下、采用了什么方法提高了工作效率、提高工作效率后的结果如何、如何评价你的工作等。

关键事件行为提问也有一定的技巧，面试官在运用时可以把握以下几点，提高关键事件行为面试的有效性。

①尽量从好的事件开始访问，让应聘者描述在工作中做得好的某一关键事件，引导应聘者按时间先后顺序来讲述事件发生的始末。

②关键事件应是过去工作中发生的某一真实事件，而不是假设的事件，在描述"当时做了什么"时可让其举例说明具体的工作细节，避免理论化、抽象化，如果应聘者的表述过于理论，要引导其讲出事件的细节。

③根据应聘者的表述可以适当追问，如果在追问时应聘者表现得情绪化，要暂时停止发问，等待其情绪冷静下来。

4.2.2 品质测试，考察应聘者自信心

对某些岗位来说，个人品质也是很重要的，如团队精神、诚实守信、忠诚度、爱岗敬业等，在面试面谈中，面试官可以通过提问的方式考察应聘者的某些品质，以了解应聘者的个人品质是否符合岗位聘用标准，表 4-1 为常见的品质测试问题，可借鉴参考。

表 4-1 常见的品质测试面试问题

个人品质	面试问题
团队精神	①在工作中，你是如何和同事进行合作的 ②请简单谈一谈好的团队管理者有哪些主要特点？并说明原因 ③在开展团队项目时，你遇到的最具有挑战性和创造性的事件是什么 ④你是如何鼓励团队完成绩效目标的 ⑤作为团队领导者你遇到的最困难的事情是什么？你当时做了什么？在解决这一困难时起了什么样的作用 ⑥团队员工没有干劲和冲劲，不愿为了完成团队目标而努力，你会如何改善和解决这些问题 ⑦什么样的行为会给团队带来负面影响，为什么 ⑧你跟以前的同事发生过冲突吗？有的话是如何处理的 ⑨同一部门中有一个同事与你的关系比较糟糕，你会用什么方法来改善你们之间的关系
沟通能力	①当你的观点和他人的观点不同时，你是如何让对方接受你的观点的 ②你被安排完成一项工作，但是主管和副主管的意见却发生了冲突，你会听谁的

续上表

个人品质	面试问题
沟通能力	③你是用人部门主管，在面试某一员工时承诺入职一年后会为其提供在职培训的机会，但是一年后你并未实现该承诺，该员工向你提出了质问，你会如何处理 ④上级不认可你的看法，你会怎么处理 ⑤你怎么与投诉客户进行沟通 ⑥你在主持会议，一名下属一直提不相干的问题干扰会议，此时你会怎么做
人际交往能力	①你喜欢你的同事吗 ②在工作中，你不喜欢和什么样的人共事 ③在工作中，你经常会接触哪类客户，你是如何处理与客户之间的关系的 ④你进入一家新公司后，发现办公室的同事都比较内向，不爱说话，你会怎样与他们相处 ⑤你的领导脾气比较暴躁，经常不留情面地批评下属，你作为下属，该怎么办 ⑥上级让你处理一件紧急的事，但是相关人员并不配合，反而从中作梗，此时你会怎么办 ⑦你发现在工作中难以与同事和谐相处，你会怎么做
主动性	①假设上级不在，你不得不做出超出权限的决定，你该怎么办 ②在工作中，你愿意承担更大的责任吗，为什么 ③在过去的工作中，有过为完成某项工作，做一些本职工作以外的工作经历吗 ④你过去获得过晋升吗，是因为什么获得晋升的 ⑤进入新公司后，你是如何提高自己的工作技能、知识和能力的 ⑥你有没有订立过职业发展目标，如果有，请说一说是什么目标 ⑦为了做好 ×× 工作，你都做了哪些准备 ⑧在上一份工作中，你发现了哪些存在的问题 ⑨在过去的工作经历中，你是否有解决过于自身工作责任无关的问题，如果有，请说明是什么样的问题，以及解决的方法
忠诚度	①你离职的原因是什么 ②从简历上看，你的每一份工作都没有超过两年，请说一说原因 ③如果我录用你，你认为你会在这个岗位上待多久 ④哪些原因导致了你离开目前的公司 ⑤除了本公司外，还应聘了哪些公司 ⑥如果被录用的话，何时可以到职 ⑦你在找工作时最看重的是什么 ⑧除了工资外，公司还有哪些地方最吸引你 ⑨你是学金融的，为什么不选择应聘金融相关工作

个人品质	面试问题
领导力	①假设你是 ×× 项目的负责人，你会怎么开展工作 ②如果你的下属没有达到你的期望，你会怎么处理 ③你认为做管理最难的是什么 ④作为公司领导，下属并不信服你，你如何解决这一问题 ⑤在工作中你有没有鼓励过下属，如果有，是怎么鼓励的 ⑥在过去的工作中，你在管理上遇到过哪些问题，如何解决这些问题 ⑦你有没有和团队成员产生过冲突，如果有，请说一说冲突产生的原因和处理方式 ⑧说一下你遇到的一次工作危机。你的角色是什么？你是怎么解决的？最后结果怎样 ⑨你的领导风格是什么样的 ⑩作为领导者，你最大的成就是什么
自信心	①讲一讲在过去的工作中你认为最有挑战的事情 ②过去你参加过哪些竞争活动，你如何看待这一活动 ③过去的工作中你对自己有何认识 ④你做了一个决定，但是事情朝着坏的方向发展，你会后悔做了这个决定吗 ⑤说说你工作方面存在的不足 ⑥你对自己满意吗？为什么 ⑦你认为你能通过这次面试吗
进取心	①你个人有什么抱负和理想 ②你对现状满意吗，为什么 ③你有没有向领导提过合理化的建议 ④如何看待在工作中混日子的同事 ⑤进入公司后，你对自己的预期是什么 ⑥在过去三个月，你是否定过个人目标，若过有，都有哪些目标 ⑦请谈一下你在目前公司中的岗位升迁和收入变化情况

4.2.3 职业倾向，反映职业价值取向

职业倾向会影响应聘者对职业的选择，如果应聘者对面试的职位有着强烈的倾向，那么这种倾向必定会让他们自愿、积极地做好岗位工作，职

业稳定性也会更高。对企业来说，了解应聘者的职业倾向能够判断其能否适应新岗位、能否在企业有长远发展。

在招聘过程中，如果公司的面试程序是笔试＋面谈，那么可以通过笔试测试的方式初步了解应聘者的职业兴趣倾向，然后再通过面试进一步了解应聘者的求职意向。职业倾向测试题有很多，面试官可以根据需要选择，这里以霍兰德职业兴趣测试精简版为例，该测试题有 60 道，应聘者只需回答是或否，几分钟即可完成，这里选取部分问题进行展示。

范例解析　霍兰德职业兴趣测试

1. 是否喜欢自己动手干一些具体的能直接看到效果的活。

2. 是否喜欢弄清楚有关做一件事情的具体要求，以明确如何去做。

3. 认为追求的目标应该尽量高些，这样才可能在实践中多获成功。

4. 很看重人与人之间的友情。

5. 常常想寻找独特的方式来表现自己的创造力。

6. 喜欢阅读比较理性的书籍。

7. 喜欢生活与工作场所布置得朴实些、实用些。

8. 在开始做一件事情以前，喜欢有条不紊地做好所有准备工作。

9. 善于带动他人、影响他人。

10. 为了帮助他人，愿意做些自我牺牲。

11 当进入创造性工作时，会忘却一切。

12. 在找到解决困难的办法之前，通常不会罢手。

13. 喜欢直截了当，不喜欢说话婉转。

14. 比较善于注意和检查细节。

　　…………

该测试将职业兴趣分为实际型（R）、艺术型（A）、探索型（I）、社会型（S）、事业型（E）和常规型（C），然后用雷达图反映应聘者的职业兴趣倾向，如图 4-1 所示。

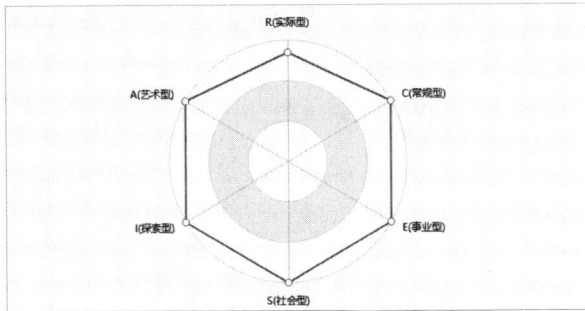

图 4-1　职业兴趣测试雷达图

这六种职业兴趣类型具有不同的特点，典型职业也有所不同，测试结果可能会出现同一名应聘者有多种职业兴趣的情况，这是很正常的现象，见表4-2。

表 4-2　职业兴趣的特点和典型职业

类　型	特　点	典型职业
实际型	又称为"现实型"，愿意使用工具从事操作性工作，动手能力强，做事手脚灵活，动作协调。偏好于具体任务，不善言辞，做事保守，较为谦虚。缺乏社交能力，通常喜欢独立做事	喜欢使用工具、机器，需要基本操作技能的工作。对要求具备机械方面才能、体力或从事与物件、机器、工具、运动器材、植物、动物相关的职业有兴趣，并具备相应能力。如：技术性职业（计算机硬件工程师、摄影师、图形设计师、机械装配工程师），技能性职业（机械师、烹饪师、高级技工、装配维护专家、和通用的实际操作型号职业）
艺术型	有创造力，乐于创造新颖、与众不同的成果，渴望表现自己的个性，实现自身的价值。做事理想化，追求完美，不重实际。具有一定的艺术才能和个性，善于表达、怀旧，心态较为复杂	喜欢的工作要求具备艺术修养、创造力、表达能力和直觉，并将其用于语言、行为、声音、颜色和形式的审美、思索和感受，具备相应的能力。不善于事务性工作。如艺术方面（演员、导演、艺术设计师、雕刻师、建筑师、摄影师、广告创意人），音乐方面（歌唱家、作曲家、乐队指挥），文学方面（小说家、诗人、剧作家）

续上表

类　型	特　点	典型职业
探索型	思想家而非实干家，抽象思维能力强，求知欲强，肯动脑、善思考，不愿动手。喜欢独立的和富有创造性的工作。知识渊博，有学识才能，不善于领导他人。考虑问题理性，做事喜欢精确，喜欢逻辑分析和推理，不断探索未知的领域	喜欢智力的、抽象的、分析的、独立的定向任务，要求具备智力或分析才能，并将其用于观察、估测、衡量、形成理论、最终解决问题的工作，并具备相应的能力。如科学研究人员、特级教师、大学教授、工程师、软件工程师、执业医师、系统分析师
社会型	喜欢与人交往、不断结交新的朋友、善言谈、愿意教导别人。关心社会问题、渴望发挥自己的社会作用。寻求广泛的人际关系，比较看重社会义务和社会道德	喜欢要求与人打交道的工作，能够不断结交新的朋友，从事提供信息、启迪、帮助、培训、开发或治疗等事务，并具备相应能力。如：教育工作者（教师、培训师、教育行政人员），社会工作者（咨询师、事务公关）
事业型	追求权力、权威和物质财富，具有领导才能。喜欢竞争、敢冒风险、有野心、抱负。为人务实，习惯以利益得失、权利、地位、金钱等来衡量做事的价值，做事有较强的目的性	喜欢要求具备经营、管理、劝服、监督和领导才能，以实现机构、政治、社会及经济目标的工作，并具备相应的能力。如项目经理、销售经理、营销管理、政府官员、企业领导、职业经理人、法官、律师
常规型	尊重权威和规章制度，喜欢按计划办事，细心、有条理，习惯接受他人的指挥和领导，自己不谋求领导职务。喜欢关注实际和细节情况，通常较为谨慎和保守，缺乏创造性，不喜欢冒险和竞争，富有自我牺牲精神	喜欢要求注意细节、精确度、有系统有条理，具有记录、归档、据特定要求或程序组织数据和文字信息的职业，并具备相应能力。如：数据分析师、软件工程师、会计师、行政助理、投资分析员、数据库管理、金融分析师

　　通过测试了解了应聘者对职业的兴趣偏好后，面试官还可以在面谈中询问应聘者的职业意向和工作动机，提问时主要从以下几方面入手。

①应聘者求职的真实动因，这可以帮助判断职业忠诚度。

②应聘者的价值观与公司文化的融合度。

③应聘者的职业发展目标与企业的人才建设目标的匹配度。

④应聘者在职业选择中看重的是什么。

如果应聘者有正确的求职动机，职业倾向也与招聘岗位匹配，那么该应聘者胜任该职位并稳定从事该工作的可能性就较大。在面试时对应聘者的职业倾向进行考察是招聘中一个难点，因为应聘者可能并没有明确的职业倾向，价值观也是很"虚"的一个东西。所以，为了尽可能真实地了解应聘者的职业倾向和动因，可以采用开放式问题＋举例的方法来提问，以便能做出较为清楚的判断，如下所示为关于职业倾向考察的面试问题。

范例解析 **职业倾向面试问题**

问题 1：你觉得在这个岗位能实现自己的人生目标吗？

问题 2：请问你最喜欢在什么样的企业文化氛围里工作？

问题 3：在原工作单位有何满意和不满意的人和事？

问题 4：你认为什么样的工作比较适合你？

问题 5：根据你的兴趣和性格，你认为你喜欢从事什么类型的工作？

问题 6：如果公司要求员工加班，但是却不严格按照国家标准给加班费，你会怎么处理？

问题 7：请举例说明你是如何规划职业发展目标的？

问题 8：平时是如何安排业余活动的，请举例说明？

问题 9：请结合工作经历举例说明你在工作有责任心的具体表现。

4.2.4　情商测试，了解应聘者情感品质

对大多数服务类、销售类岗位来说，情商是很重要的一项品质，能够衡量一个人处事的能力。情商主要是指人在情绪控制、自我激励、识别他人情绪以及人际关系处理方面的能力。面试官要清楚高情商、较高情商、较低情商、低情商有哪些典型的表现，这样才能在面试中对应聘者的情商进行评判。

①高情商：高情商的典型表现有情绪控制能力强、能够充分认识自我、自信但不自满、能够面对并承受压力、和朋友或同事能友好相处、乐于帮助他人也懂得拒绝。

②较高情商：较高情商的典型表现有拥有自我意识、有一定的心理承受能力、拥有较好的人际关系、遇事能够积极乐观。

③较低情商：较低情商的典型表现有容易受他人的影响、没有明确的目标、对于较轻的焦虑情绪能够自我调节、缺乏坚定的自我意识、人际关系较差。

④低情商：低情商的典型表现有没有自我意识、不自信、严重依赖他人、说话做事不考虑他人感受、人际关系差、情绪控制能力差、爱抱怨、无法承受压力。

情商也是一种能力，情商水平的高低会影响个人的工作绩效、职业成就等，因此，很多企业也将情商测试作为招聘面试的重要内容。那么面试官如何充分衡量应聘者的情商呢？与职业倾向评价一样，情商测试可以采用笔试＋面谈结合的方式，如下所示为部分情商测试题，供借鉴参考。

范例解析 情商测试题

1. 听取批评意见，包括与实际情况不符的意见时，没有耿耿于怀或不乐意。

2. 知道失信和欺骗是友谊的大敌。

3. 不愿尝试所谓的新事物，对自己不会的事情会感到无聊。

4. 别人不同意自己意见时会表现出不满或避而远之。

5. 很难找到表达情绪的适当方式，要么表示过度，要么隐忍或者委屈。

6. 不敢担任新的职位，因为怕自己会犯错。

7. 一次想做的事很多，因此显得不够专心。

8. 对人对事不喜欢深思熟虑，主张"跟着感觉走"。

9. 无法知道自己是在为何生气、高兴、伤心或妒忌。

10. 担心自己的意见或建议不好时，宁愿随声附和。

11. 经常留意自己周围人们的情绪变化。

12. 当别人提出问题时会不知怎样回答才让人满意。

13. 对自己的期望很高，达不到标准时会很伤心或发脾气。

14. 觉得委曲求全是解决矛盾的好方法。

15. 见到他人的进步和成就没有不高兴的心情。

16. 别人的感受是什么对我来说没有必要去考虑。

17. 与人共事懂得不能"争功于己，诿过于人"。

18. 能够说出亲人和朋友各自的一些优点和长处。

19. 与人交往时知道怎样去了解和尊重他人的情感。

20. 没有必要要求自己什么，觉得自己做不到的事不如干脆放弃。

21. 出现感情冲动或发怒时，能够较快的"自我熄火"。

22. 受到挫折或委屈，能够保持能屈能伸的乐观心态。

23. 性情不够开朗，很少展露笑颜。

24. 没有不愿同别人合作的心态。

25. 做什么事都很着急，觉得自己属于耐不住性子的人。

该测试题有五个选项供测试人选择，分别是非常不符合、不符合、不好说、比较符合和非常符合。测试时可以告知应聘者这只是一个简单的测试，不必有压力，只需根据实际情况选择即可。

在面谈过程中巧妙提问，也能在简短的面试中考察应聘者的情商，如下所示为情商测评面试问题。

范例解析 **情商测评面试问题**

问题1：请举例说明在过往工作中某次失败的经历？

解析：从应聘者的回答中了解其是否能为自己的行为承担责任，要寻找不会推卸责任的应聘者，如果应聘者能直率、坦诚地面对失败，并且在面对挫折、不利的外部环境时不抱怨、不批评他人，而是积极解决，那么该应聘者就具有较高的情商。

问题2：请描述你在担任客服岗位期间收到负面评价时的感受？

解析：不管是高情商还是低情商的人，负面评价都会对个人情绪产生影响，只是高情商的人在面对负面评价时不会因此方寸大乱、失去自信，知道调动自己的积极情绪去处理负面评价。注意倾听应聘者在描述经历时具体的情绪反应，如果应聘者面对负面评价时丝毫不会考虑评价者的感受，表示都是对方的问题，那么该应聘者可能比较自我。

问题 3：你举例说明因工作冲突让你感到沮丧的事件。

解析：有沮丧情绪是很正常的，比较重要的是要清楚如何处理这种情绪。高情商的应聘者能够自我调节沮丧情绪，能够理解他人的动机心理。针对以上问题，注意倾听应聘者对工作冲突产生的原因、过程的描述，并让对方说明具体是如何解决冲突的，以了解应聘者是否能够进行情绪控制，理解并包容他人。

4.2.5 能力测试，考察应聘者学识与修养

能力测试是面试中极为重要的一部分，虽然面试的时间相对较为短暂，但也可以通过问题判断应聘者是否具备岗位所需的各种能力，针对不同的招聘岗位，能力测试的问题也应有所不同。

具体要根据岗位胜任力来设计面试问题，比如销售岗位需要在面试时考察应聘者的销售说服力、拜访技能、业绩达成能力等，而客服人员岗位则更多地需要考察沟通协调能力、情绪调节能力、倾听能力等。下面以销售岗位为例，来看看针对销售岗位如何在面试提问中进行能力考察。

范例解析 **销售岗位面试问题**

从销售岗的主要工作内容来看，其需要开发新客户，做产品介绍，维护好客户，最终实现销售目标。所以，针对销售岗位，面试官要考察应聘者的销售能力、客户维护能力、抗压能力等。表 4-3 为销售岗位能力考察的一些面试问题。

表 4-3 销售岗位能力考察能力问题

能力类型	面试问题
销售能力	①请介绍在过去的工作中让你印象深刻的销售经历，在哪次经历中你是如何说服客户的 ②你在拜访客户前会做哪些准备

续上表

能力类型	面试问题
销售能力	③在你过去的工作中，有超额完成工作目标的情况吗，如果有，请讲一讲你是如何取得这样的业绩的 ④请向我推销一下这个笔记本 ⑤假设你的客户询问你有关产品的问题，但是你不知道如何回复，你会怎么办 ⑥在销售中，你碰到客户说"太贵了"，你会怎么办 ⑦你在与客户进行合作谈判时，客户告诉你，他正在考虑你的竞争对手，你会怎么办 ⑧客户有明确的购买倾向，但对交货时间犹豫不决，你会怎么做 ⑨客户愿意购买公司产品，但是让你给予折扣，你会怎么做
客户维护能力	①当你遇到经常吃闭门羹的客户时，你的做法是 ②客户向你抱怨该批次产品质量不佳，你该如何解决这一问题 ③客户对公司的售后服务感到不满，你应该怎么做 ④获得订单后，你会采用哪些方法来维护客户，以避免客户流失 ⑤在过去的工作中，你是用什么方法来发展并维持现有客户的
抗压能力	①请举例说明你在工作中面对销售业绩压力时，是如何应对的 ②公司给你订立了一月开发 ×× 个客户的销售目标，你打算如何去完成它 ③如果你的客户对你态度冷淡，怎么办 ④在新客户开发过程中，你与同事撞单了，你会怎样应对这样的问题 ⑤本岗位工作具有一定的挑战性，你有没有信心能做好它 ⑥从简历来看，你没有从事过销售相关工作，这一工作对你来说是有一定的难度，你还愿意尝试吗

销售岗员工如果对行业、产品完全不了解也无法很好地完成销售工作，因此，面试官还可以针对应聘者的专业知识进行考察，如提出以下问题。

①×× 行业有哪些特性？

②请解释 ××、××、×× 名词的含义？

③×× 行业与 ×× 行业有哪些关系？

④请分析 ×× 产品目前的供求状况。

4.3 面试追问不可轻视

在面试过程中，应聘者可能会回避某些问题，或者提供一些虚假信息，如夸大职业技能、弱化薄弱点，为了能够准确分析应聘者的能力状况，面试官还应掌握追问的技巧。优秀的面试官懂得在恰当的时候进行追问，从而获得更多真实完整的信息。

4.3.1 如何运用 STAR 法则进行有效追问

前面介绍过 STAR 面试，实际上 STAR 法则也可以用于面试追问中，通过追问来识别简历真假，防止应聘者夸大事实。STAR 追问要分三步走，如图 4-2 所示。

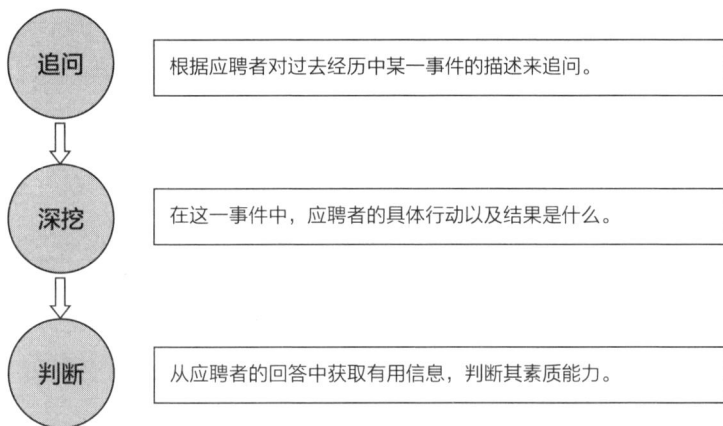

图 4-2 STAR 法则追问主要步骤

从前面的内容可以知道，STAR 包括背景、任务、行动和结果四个要素。面试追问时，也主要从这四个方面来判断应聘者的回答是否包含这四个要素，并进行合理追问，如图 4-3 所示。

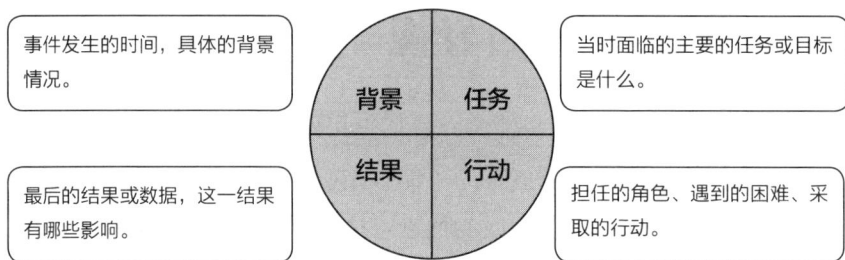

事件发生的时间，具体的背景情况。		当时面临的主要的任务或目标是什么。
	背景　任务	
	结果　行动	
最后的结果或数据，这一结果有哪些影响。		担任的角色、遇到的困难、采取的行动。

图 4-3　"STAR 法则"面试追问

　　追问是在应聘者回答完某一问题之后，结合应聘者的回答情况来决定是否追问，一般来说，主要针对焦点问题进行追问。焦点是指能影响聘用决定的关键信息，比如模糊性的描述、过于理论性的描述，下面来看一个利用 STAR 法则在面试中进行追问的范例。

范例解析 利用 STAR 法则进行面试追问

　　在一次面试中，面试官询问了应聘者以下问题。

　　在过去的工作经历中，你是否面临过需要同时完成多项工作任务的情况，请说一说你当时是如何做的。

　　针对以上问题，应聘者的回答如下。

　　我记得在 2020 年 9 月的时候，上级安排我同时负责完成两个客户的设计工作，并且要求在 10 月底完成。当时我几乎每天都在加班，由于时间过于紧迫，我寻求了同事的帮助。

　　根据上述回答，通过 STAR 法则来进行分析。

　　背景：2020 年 9 月份，同时完成两个客户的设计工作，且时间紧迫。

　　目标：完成设计工作。

　　行动：加班，寻求同事帮助。

　　结果：没有描述。

　　对应聘者的回答进行分析后，可以看到，其没有描述事件的结果，对行动的描述也不够具体，因此，面试官可以追问以下问题。

　　追问 1：你是怎样向同事寻求帮助的，请具体说说？

　　追问 2：你的同事为你提供了哪些帮助？

追问3：请谈一下最终取得了怎样的结果？

面试追问很考验面试官的功底，并不是所有的追问都能发掘到有用信息，面试官需要灵活运用，如果追问不恰当，反而会带来负面效果。

如下所示为 STAR 法则面试追问示例。

范例解析 **STAR 法则面试追问示例**

示例 1

应聘者：学习能力强，在团队合作中具有协作精神是我的优点。

判断：应聘者的描述过于理论，没有完整的行为案例，因此针对具体的能力进行追问。

面试官：请讲一讲你在以前的工作中是如何进行团队协作的？在团队协作中扮演了什么角色？具体做了哪些工作？最终获得了什么？

示例 2

应聘者：在进行合作谈判前，我和我的搭档收集整理了大量的项目资料，并分析了对方目前的顾虑和态度，预设了谈判中可能遇到的问题，提前做好了应对策略。谈判阶段和我们料想得差不多，对方是有很强的合作意向的，之前的询问和刁难都是为了压价，希望我们能提供更多折扣。最终我们咬住了价格，但也提供了其他优惠条件，如降低首付款比例、缩短供货期等，最终双方签下了合同。

判断：谈判的方法和结果都比较好，只是在描述时主语都是"我们"，无法了解到应聘者在此次谈判中扮演的角色、采取的行动和产生的作用。

面试官：在此次业务谈判中，你的角色是什么？具体在哪些方面采取了行动？提出了哪些促进谈判成功的意见？

示例 3

应聘者：团队管理者应扮演好组织者的角色，要在团队中营造合作共赢、和谐活跃的氛围。

判断：描述了自己对于团队管理这一身份的观点，没有具体的行为事例，团队管理能力有待考察。

面试官：你能就团队管理者这一身份，谈一下你在过去的工作中是如何营造和谐团队氛围的吗？当时的团队情况是怎样的？取得了怎样的结果？

4.3.2　掌握 5W2H 分析法高效追问模型

5W2H 分析法又被称为七问分析法，常被用于商业决策、项目管理等方面，在面试中，也可以运用 5W2H 进行追问。

5W2H 包括 5 个 W 和 2 个 H，如图 4-4 所示。

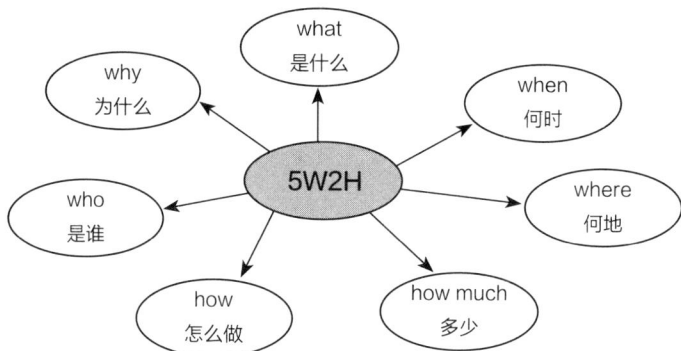

图 4-4　5W2H 模型

根据图 4-4 可以看到 5W2H 是从 5W 和 2H 这七个方面出发询问，熟练掌握 5W2H 分析法，并将该模型运用于面试中，可以让面试追问更高效。针对这七个方面，提问的方式也有很多种，见表 4-4。

表 4-4　5W2H 分析法模型提问方式

5W2H	示　例
why	为什么？为什么要这么做？理由是什么？原因何在
what	是什么？这么做的目的是什么？职位是什么？做什么事情
who	是谁？负责人是谁？谁来完成？问题出现在谁身上？谁承担
when	何时？什么时间完成？什么时间发生
where	何处？从哪里入手？什么场景？在哪里？在什么地方
how	怎么做？如何实施？方法怎样？什么样的方式
how much	多少？做到什么程度？质量如何？多少数量

面试过程中,应聘者在阐述某一案例或者事件时,如果描述得越全面性,那么可信度也就越高。面试官要分析应聘者的回答,看其中包含了 5W2H 的哪些要素,对缺少的部分进行追问,这样一步步地追问,应聘者通常很难隐瞒下去,下面来看一个范例。

范例解析 5W2H 分析法面试追问示例

如在某次招聘面试中，面试官询问两名应聘者："你是如何完成 ×× 活动推广任务的"，两名应聘者的回答如下。

应聘者 1：是在 2022 年 8 月，那时我在 ×× 公司刚得到了晋升，成为部门经理。公司安排我作为 ×× 活动推广的负责人，当时，公司要求在一个月内完成活动筹备。但是我的部门刚刚组建，只有两名营销助理，实际上很难在两个月内完成这样的任务。

当时我也比较着急，后面冷静下来进行思考，我想到了一个方案。将任务分为两部分，一部分是活动主题策划；另一部分是活动现场布置。前者主要是我负责，后者由我的两名助理负责。最终我们一起完成活动筹备和宣传任务，此次活动推广很成功，实现了预期的宣传效果，活动实现了 ×× 元的销售额。

应聘者 2：当时时间比较紧急，只有一个多月时间，于是我带着我的团队加班加点地干，最终完成了活动推广任务。

针对以上应聘者回答进行 5W2H，应聘者 1 的分析结果如下。

when：2022 年 8 月

where：×× 公司

what：×× 活动推广

who：应聘者 + 两名助理

why：时间紧急，人手不够

how：将任务分为两部分，合理分配任务

how much：实现了预期的宣传效果

从应聘者 2 的回答来看，其包含的信息比较少，what、why、who 都不明确，how 也比较简单，只是阐述了"加班加点地干"。因此，应聘者 1

的陈述会更具有说服力，针对应聘者1的陈述，面试官可进行追问，如以下一些问题。

①推广活动策划方案是谁写的？

②活动的参与人有哪些？负责人是谁？

③你是如何策划活动的，采用了哪些方式？

④推广活动的实施流程是怎样的？

⑤要实现什么目的，最终达到了怎样的效果？

4.3.3　面试追问的技巧

面试识别应聘者有没有说谎也是一门技术活，追问可帮面试官识别应聘者的伪装，从而获得更真实、更有价值的信息。面试追问有以下一些技巧。

（1）把握追问的时机

面试官应清楚什么情况下适合追问，一般来说，当应聘者的回答出现以下几种情况时，可以酌情追问。

①在自我介绍或提问陈述中给出信息太少。

②回答不够具体，缺乏深入阐述。

③个人信息、工作经历等可能是编造的。

④陈述中存在虚假信息，如将别人的故事套用在自己身上。

（2）追问什么样的问题

面试追问主要追问三类问题，分别是关于岗位的问题；关于疑点的问题；结合 STAR 法则和 5W2H 分析法追问的问题。主要根据应聘者的陈述，对需要确认和不合理的地方进行追问。如下所示为面试追问问题示例。

范例解析　**面试追问问题示例**

问题 1：具体介绍下自我介绍中的 ×× 工作经历？

问题 2：针对这个问题，你是怎么做的？

问题 3：你在这个过程中发挥了什么作用？

问题 4：你具体做了什么，从而改变了客户的想法？

问题 5：在这次工作中你解决了哪些问题？

问题 6：为了实现 ×× 目标，你克服了哪些困难？

问题 7：你的哪些行动促成了客户签约？

问题 8：这个工作的压力很大，你觉得你能适应吗？

（3）追问判断

是否追问主要取决于面试官对应聘者陈述的判断，那么面试官要如何判断是否需要追问呢？具体可以把握以下关键点。

①主语是"我们"：应聘者在陈述中如果大量使用了"我们"作为主语，那么说明整个事件并不是应聘者独立完成的，这时也无法对应聘者个人能力做出判断，此时就可以进行追问，追问应聘者在整个事件中充当的角色、做了哪些工作、产生了哪些作用等。

②表情不自然：对于应聘者临时编造或虚构的经历，从其陈述和面部表情中通常可以发现端倪，如果是临时编造的，内容合理性往往存在纰漏，另外，人在撒谎时面部表情往往不太自然，如表情僵硬、眼球快速移动、回避目光等。当应聘者发出这些信号时，面试官也需要追问，如果是谎言，在追问下通常会无所遁形。

③谈理论：当应聘者的陈述更多的是谈理论时，只能判断出应聘者了解某项工作的基本要求和操作要点，在实际工作中能否真正落实还存有疑问，这时也可以追问，让其举例说明。

④描述"偷工减料"：在面试中很多应聘者并不清楚自己的陈述要详细到何种程度，这就使得陈述会存在"偷工减料"的情况，这种情况下面试官得到的信息量往往不够充分，为了得到更多有用信息，可进行追问。

4.4 做一个合格的有效倾听者

面试中除了要会提问还要会倾听，倾听也是一种信息交流技巧。面试的目的在于了解应聘者，懂得倾听才能在面试过程中摸清对方的真实想法，从而做出正确的聘用决定。

4.4.1 好的面试官要如何倾听

面试过程中，面试官需要有目的、有规划地倾听，那么面试官要如何有效进行倾听呢？具体要做到以下几点。

（1）倾听和观察结合

面试中倾听应该与观察结合起来，倾听时不仅要用到耳朵去捕捉信息，还要注意观察应聘者的行为举止和情绪态度。有时应聘者可能会在面试时提供虚假信息，这时可根据应聘者在回答问题时表现的情绪来辨别真伪，比如谎言背后的紧张情绪。

（2）倾听时的反馈

倾听时要注意反馈，可通过眼神交流、肢体语言来向应聘者传达"我在认真倾听"，这也能鼓励应聘者更好地发挥。在与朋友、同事沟通时可以发现，如果我们能表现出对对方所说的内容很感兴趣，对方也会更愿意谈论。因此，在面试中可以表现出耐心与兴趣，让应聘者能敞开心扉，表达出内心真实的想法。

（3）鼓励对方继续

在倾听时如果应聘者表现出紧张、怯场等情绪时，面试官可以适当鼓励对方，让对方继续谈话内容。如果在一场面试中，都是面试官一人在夸夸其谈，不给应聘者说话的机会，也就无法得到有用的反馈信息。所以，在需要的时候面试官可以鼓励应聘者说出自己的真实想法，而不必有心理负担。

（4）礼貌地打断对方

在面试中一般不建议轻易打断对方，因为会影响应聘者的情绪，因此，除非对方答非所问、严重跑题或者啰唆说不到重点，否则不要打断应聘者的陈述。在有必要打断对方时，也要表现出基本的礼貌和尊重，常见的打断方式如下所示。

①不好意思，因为面试时间有限，这里打断一下。回到刚才的话题，我想了解你 ×× 方面的情况。

②对不起，打断一下，我的问题是……

③不好意思，请允许我补充一点，……

④请让我打断一下，……

⑤抱歉，我能插一句吗，……

⑥很抱歉打断你，我能问一个问题吗？

⑦抱歉，你可能没有听清楚我的问题，我问的是……

⑧对不起，打断一下，由于时间有限请尽量以清晰、简短的方式来陈述问题。

（5）表示认同或赞美

面试面谈中表示认同和赞美也是一种有效的倾听反馈方式，这能够给应聘者以信心，让面试进行得更顺畅。表示认同和赞美要在应聘者陈述结束之后，常见的表达方式如下所示。

①你说得很对或好。

②我也是这么认为的。

③从你的描述看得出来你在这方面有丰富的经验。

④关于这个问题，我认为你讲到了关键点。

⑤我很认同你的观点。

⑥看得出来你的专业能力很强。

4.4.2　运用 SOFEN 法则倾听

积极倾听是保证面谈有效性的重要前提，面试官可以从图 4-5 所示的三个方面实现积极倾听。

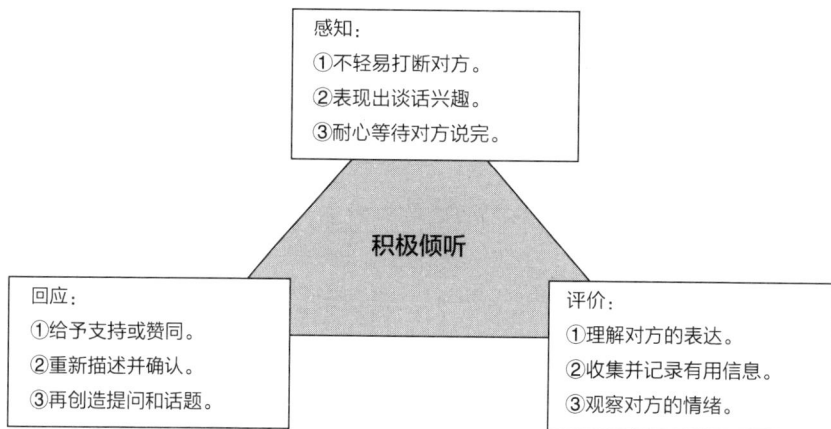

图 4-5　积极倾听的三个方面

在图 4-5 中，感知是指在倾听中接收信号，积极倾听者会耐心等待对方把话说完，同时会避免打断对方的谈话。评价是指理解对方所表达的内容并体会对方的情绪，从而了解应聘者的感受和想法。回应是一种互动表现，恰到好处的回应是很重要的，如果在面试时面试官不给予回应，谈话很容易陷入僵局中，或者提前结束。

在面试中，面试官还可以使用 SOFEN 法则来实现有效倾听，SOFEN由六个英文单词缩写组成，具体内容如下所示。

① S——smile（微笑）：微笑能够表达友好和真诚，在倾听时，面试官如果能面露微笑，将会创造和谐融洽的气氛，应聘者在交谈时也能更自然放松，可以缩短双方的心理距离。

② O——open posture（开放的姿态）：要以开放的姿态进行倾听，不能表现出敌视的姿态，比如将手放在胸前、手叉腰等。开放的姿态能够给对方在认真聆听的暗示，也能让应聘者感受到我们的坦诚与安全，面试中

端坐、摊开双手都是开放性的肢体语言。

③ F——forward lean（身体前倾）：在倾听时身体微微前倾可以向对方表明我们正在耐心倾听并且很感兴趣，这种良性的互动可以让应聘者感受到你对他的理解和尊重，也更容易敞开心扉。

④ E——eye communication（目光交流）：目光交流也是倾听的一种互动方式，倾听时保持适当的视线接触，能让对方感受到被关注和尊重。

⑤ N——nod（点头）：倾听时适时点头能对应聘者的陈述表示肯定和赞同，同时也表明我们正认真地听他讲话，应聘者在得到肯定和鼓励后，会对我们产生信任感，从而拉近双方的距离。

以上倾听法则不是刻板的理论知识，需要面试官在面试时灵活运用，有效倾听还有以下一些技巧。

①积极主动：好的倾听是积极主动地倾听，而不是被动地接受。面试官首先要有积极倾听的态度，其次再通过主动的提问来让对方提供更多信息。倾听时还要主动思考，从对方的陈述中挖掘到有用的信息。

②必要时做笔记：凝神静听的过程中也可以做笔记，这不仅能让对方感受到我们的重视，也能将关键信息记录下来，以便提问确认，为面试评价提供依据。

③提炼信息：在倾听过程中，面试官会接收到大量的信息，按照信息的重要程度，可分为重要信息、一般信息和不重要信息。面试官要在倾听中提炼这些信息，找到核心要点进行有效追问。

④适当的重复：倾听时也可以适当重复，即简单概括对方的话，并重复给对方听，这可以用于重要信息的确认，确认我们的理解与对方表达的意思一致。

第5章

面试洞察，多角度考察应聘者

在面试过程中，提问、倾听和观察是相辅相成的，观察应聘者的行为举止、表情动作、态度反应等，是面试官要掌握的基本技能。如果面试官能够细心观察，将能够发现很多细节上的问题，观察得到的信息对面试评估具有重要意义。

5.1　面试时如何观察应聘者

面试时看什么？怎么看？是面试官需要明确的。观察时不应带有主观偏见，而应实事求是，从应聘者实际的行为表现和反应出发，并且要力求全面，不要只观察某一方面。

5.1.1　从着装看应聘心态

大多数公司的面试都不会对应聘者的着装提出要求，这时可以注意观察应聘者的着装，从着装中了解应聘者的生活习惯和应聘心态等。

一般来说，应聘者不管穿何种款式的服装，都应看起来舒适合身、干净整洁、大方得体。如果应聘者的着装看起来凌乱不整洁，那么从侧面可以判断出其对此次面试并不重视，也不在意自己的个人形象。

那么面试官如何从应聘者的衣着打扮看出其生活习惯和性格特征呢？具体可参考以下几点来判断。

①穿着正式：着装比较正式，看起来大方稳重、得体干练，这类应聘者一般有很强的办事原则，也比较严谨认真。另外，应聘者如果穿职业装面试，他们可能是想告诉面试官"我有认真对待此次面试，我希望得到这份工作"，此类应聘者的求职意向也会比较强烈。

②穿着休闲：一般来说严肃谨慎的应聘者不会在面试时穿休闲装，如果应聘者穿着休闲，但整体看起来整洁、素雅、自然，那么其性格一般也比较率性自然、平易近人。

③邋里邋遢：如果应聘者的着装看起来邋里邋遢，那么此类应聘者可能不具备严谨认真的特质，并不重视此次面试，在生活中也养成了不爱干净的习惯。

④符合公司文化：有的应聘者在面试前会查阅公司相关资料，了解公司企业文化、团队氛围等，然后推断公司职员的着装风格，并尽量保证自

己的着装符合公司文化。如果面试官发现应聘者的着装风格与公司文化相符，那么此类应聘者可能在面试前做了充足的准备，对公司有强烈的兴趣。

⑤与职业身份吻合：有的应聘者会根据面试岗位来搭配着装，如果应聘者的着装与招聘的职位是相吻合的，可以说明该应聘者对所面试的职位有充分的理解，清楚该岗位需要有怎样的职业形象。

当然，部分大中型企业也会要求应聘者在面试时穿正装，这时应聘者就应按面试要求着装，面试官则重点观察应聘者的着装是否符合要求。如下所示为某公司对面试人员的着装要求。

①纯白色有领衬衫（不得有花纹、饰边）。

②黑色或蓝色长西裤、黑色鞋子。

③不系领带，不得佩戴手表、发饰、首饰及其他明显标识物。

5.1.2 从言语看情绪和表达能力

从言语可以看出应聘者当时的情绪和表达能力，具体面试时可观察应聘者说话的语速、条理性和情绪等。

（1）语速

每个人说话的语速都可能不同，通过应聘者语速的快慢可以了解其性格以及心理状态。

①语速很快。应聘者在面试时语速很快，甚至不给面试官插嘴的机会，一口气说到底。此类应聘者的性格通常比较外向，能说会道，思维也很敏捷，喜欢用言语表达内心，但此类应聘者也可能是急性子，做事容易冲动。如果应聘者说话的语速过快，甚至出现了吞音漏音、结巴的情况，那么可能是紧张导致的。

②语速平缓。应聘者说话时不急不慢，语速平缓，对面试官来说是最理想的状态，因为面试官能够更好地获取应聘者的作答信息。说话语速平缓，不急不躁的应聘者一般淡定沉着、思维缜密，但也可能难以亲近。当然，

应聘者保持平缓的语速也可能是为了掩饰自己内心的真实想法，面试官需要注意甄别。

③语速极慢。说话时慢条斯理，语速极慢，听着会让人感到着急，此类应聘者可能是慢性子，反应相对迟钝，他们的性情可能稳重温和，比较文静，不急不躁。如果应聘者说话时语速不仅慢，还吞吞吐吐、结巴，这也可能是因为紧张导致的，此类应聘者或许不善于交谈。

一般来说，在面试中，应聘者说话的语速不会一成不变，语速的变化也反映了内心的状态，如以下几种情况。

①语速突然加快，音量也有明显提高，这可能是因为应聘者的情绪比较激动。

②语速由快变慢，并且讲话条理清晰，这通常是应聘者强调自己观点的表现，希望自己的陈述能得到面试官的注意。

③语速突然变得很慢，说话也变得支支吾吾，这可能是因为应聘者非常紧张，产生了卑怯心理，没有了自信心。

④语速由慢变快，也可能是因为紧张所导致的，另外，如果应聘者说话的速度突然快起来，那么他心中可能藏有秘密。

（2）条理性

除了语速外，面试官要观察应聘者说话的条理性，比较理想的是应聘者说话条理清晰，有逻辑性，表达能力强，这有助于面试官获取关键信息。

一般来说，说话条理性强会有以下表现。

①讲话有次序：是指应聘者的陈述有先后顺序，如按照时间、因果关系、流程、地点来描述。

②分类表述：是指分门别类进行表述，如在介绍个人兴趣爱好时，应聘者按照运动方面、工作方面、娱乐方面来分类表达。

③数字表达：将要表述的内容分为第一点、第二点、第三点……，使表述听起来一目了然。

④有主次关系：善于提炼和总结，讲话时能把握主次关系，能够找关键、抓重点，表述有条有理，重点分明。

⑤围绕核心来讲：表述时直入主题，紧紧围绕问题的核心来讲，不会讲无关话题，能够归纳呈现。

（3）情绪

从言语也能听出一个人的情绪，比如紧张情绪、激动情绪、自卑情绪等，具体表现如下所示。

①如果应聘者说话声音颤抖，甚至说不出话来，那么就可能是过于紧张导致的。

②应聘者说话时声音特别大，甚至大吼大叫，咬牙切齿，这反映出应聘者的情绪很激动。

③说话声音很小，且低着头，这可能是因为应聘者产生了自卑情绪，使得情绪低落，缺乏自信心。

5.1.3 从仪态行为看礼仪举止

不管是在生活中，还是在工作中，都需要懂得基本的礼仪，对某些服务性行业而言，懂礼仪是员工必备的基本素质。在面试中，面试官可以通过应聘者的行为举止来观察其是否懂礼仪，懂礼仪的应聘者会有以下表现。

（1）准时赴约

遵约守时是最基本的礼仪，懂礼仪的应聘者在接到面试邀约，并答应参加面试后，会在约定的时间到达面试地点。相反，不注重礼仪的应聘者可能会迟到入场，或者临时"放鸽子"，给面试官带来困扰。

懂礼仪的应聘者如果遇到特殊情况无法及时赶到面试地点，一般会提前通知面试官，到达公司后也会诚恳道歉，并解释原因。

（2）尊重接待人员

懂礼仪的应聘者在到达公司后会表现出对接待人员的尊重，如主动向接待人员问好、说明来意、配合做好面试登记等。面对面试官时，应聘者会礼貌问候，待邀请入座后再落座。相反，不动礼仪的应聘者可能不会礼貌问候，甚至在未得到允许的情况下就进入面试室。

（3）坐姿端庄

坐姿也能体现一个人的礼仪，正确的坐姿应该是腰背挺直，肩放松，双手自然放在膝盖或扶手上。面试场所是比较正式的场合，懂礼仪的应聘者在入座时会轻而稳，不会将桌椅弄得乱响。相反，不懂礼仪的应聘者坐姿不会保持端正，还有可能跷二郎腿，猛起猛坐带来噪声。

（4）谈话礼仪

谈话过程中也可以看出一个人是否懂礼仪，懂礼仪的应聘者态度会很热情、坦诚，同时注意倾听面试官的提问，然后根据问题作答。面谈时，不懂礼仪的应聘者可能会自吹自擂、炫耀自己、说个没完，另外，还可能打断面试官，打哈欠、看手表等。

（5）礼貌告辞

在面试结束后，懂礼仪的应聘者会与面试官礼貌道别，然后轻轻走出面试室，必要时会为面试官带上办公室门。不懂礼仪的应聘者可能不会与面试官道别，而是直接退场。

5.1.4　从肢体动作看非语言信息

一般来说，应聘者本能做出的肢体动作以及微表情都是比较真实的，利用肢体语言和脸部的细微表情能够观察到很多非语言信息，从而判断出语言背后的真正含义。下面来看一个范例。

范例解析 观察动作判断应聘者是否具备服务意识

　　某公司拟招聘客户服务人员，9月9日，面试官张×要面试一位前来应聘者。此次面试采用一对一面试形式，面试场所选在大会议室，会议桌是椭圆形款式，尺寸较大。面试当天，面试官和应聘者刘×面对面而坐，两者距离较远。

　　面试时，面试官查看了刘×的简历以及学历证书等其他证明材料，查看完成后便将材料递还给刘×。由于双方距离较远，面试官自然地起身将材料递还给刘×，并注意观察刘×的动作。

　　面试官张×发现，刘×并未起身，只是稍微欠了下身，然后单手接过材料，并随手将材料放进背包里。将材料放入背包后，刘×抬起头看着面试官。

　　根据刘×的肢体动作，面试官张×得到了以下信息。

　　①应聘者接材料时未起身，并且是单手，可以看出该应聘者缺乏服务意识。

　　②没有整理就将材料放进背包，应聘者在日常生活中可能比较散漫随性，做事没有秩序。

　　③应聘者的自我意识可能比较强。

　　从以上几点可以看出，应聘者刘×服务意识不强，性格上可能比较散漫。通过观察到的行为信息，面试官可以在后续的面试中对应聘者做进一步考察，从而判断其是否适合该岗位。

　　面试中，还可以通过以下一些微表情和行为动作来了解应聘者的心态、个性以及处事方式等。

　　①面试时，应聘者双方抱在胸前，说明其对面试官还存在防备心理。

　　②在面试官说话时应聘者身体前倾，说明其在认真听。

　　③面试过程中面带微笑，眼神敢于直视面试官，说明应聘者比较自信，反之，如果眼神躲闪飘移，不敢直视，说明其紧张又不够自信。

　　④面试时小动作不断、皱眉、抠手指等，都能从侧面说明应聘者的心理比较紧张。

　　⑤应聘者的坐姿端正，腰背直立，说明其自信大方，若坐姿随意，有跷二郎腿，弓腰驼背等表现，说明其不太注重面试礼仪，对此次面试不够

重视，也不尊重面试官。

5.2　面试过程中的心理博弈

面试给了面试官和应聘者双向选择的机会，面试官会采用各种面试手法来考察应聘者，应聘者也会考察面试官，以判断该企业是否值得去。所以，在面试中也存在心理博弈。

5.2.1　面试官要懂的心理学

除了常用的一些面试技巧外，面试官也需要懂点心理学常识，在面试中，辅助心理学知识来察言观色，从而更好地甄别人才。心理学作为一种辅助面试的手法，要穿插在具体的面试方法中灵活运用，如结构化面试、STAR 面试追问等，应用心理学理论时要懂得一看、二问、三听、四断。

（1）一看

看就是观察，观察应聘者的衣着打扮、面部表情、行为动作、神情举止等。比如前面介绍的眼神不敢正视、手脚乱动等，都能反映出应聘者的心理活动。

（2）二问

面试过程中，面试官可以通过有效提问来考察应聘者的心理承受能力、对自我的认知等，再通过追问引出关键行为表现等。提问时也可以充分应用心理学知识，比如使用封闭式问题了解对方想法，使用开放式问题让对方说出更多信息。

（3）三听

除了观察和提问外，还要倾听。听应聘者说了什么以及说话时的语气语调等，然后应用心理学知识来看穿应聘者，比如应聘者在回答问题时言辞闪烁、吞吞吐吐、答非所问，那么他的回答可能不够真实，或者该应聘者的逻辑性可能不强。

（4）四断

断是指判断，面试官要通过前面的三步来对应聘者做出合理的"诊断"，然后判定应聘者的工作行为、能力素质等是否符合岗位要求。

那么要如何在面试中应用心理学呢？可分为两步进行。招聘面试中有很多心理测评工具可供面试官使用，比如霍兰德职业倾向测试、卡特尔16PF人格测验等，这些心理测评工具可以帮助面试官对应聘者做初步的评估。除以上测评方式外，还有一些心理判断方法可以作为辅助工具应用，下面来看看面试中应聘者的一些常见心理因素。

①趋同心理。是指在面试时应聘者一味地迎合、顺从面试官，最主要的表现就是遵从性，如言听计从、个人看法始终跟随面试官的意见、言行举止也倾向于与面试官保持一致。如果应聘者在面试中表现出了趋同心理，那么从侧面可以看出该应聘者可能缺乏自信、从众性强、没有主见等，如果应聘者应聘的是管理岗，那么在工作中，这种趋同心理也可能会带来消极影响。

②掩饰心理。在面试中应聘者可能会掩饰自己的真实看法，或者掩盖自己的某些不足之处，包括背景、学历等。掩饰心理可以从回答、行为中看出，比如说话搪塞、抓耳挠腮、躲避视线、假笑等。面试中应聘者有掩饰心理是很正常的，这可能是因为应聘者想要通过掩盖缺点来获得录取，但有时这种心理效应可能会取得适得其反的效果，比如应聘者因为害怕被识破而格外紧张，反而导致面试表现不佳。面试官要学会判断应聘者掩盖了哪些不真实的信息。

③表现心理。有的应聘者会在面试时主动展现自己，这就是表现心理的一种体现，比如主动握手、主动问好、主动提问。表现行为只要是适当的，

对面试官来说不是坏事，但如果应聘者过分表现就可能影响面试的正常进行，比如抢答、说话停不下来等。一般来说，能够在面试中自我表现的应聘者性格上会比较外向，面试官需要判断应聘者的个性是否符合岗位"性格特征"。

④自卑心理。有的应聘者会对面试产生自卑心理，常见的表现有说话脸红、非常不安、说话声音非常小声等。在群体面试中，应聘者更容易产生自卑胆怯心理。造成应聘者产生该心理的原因有很多，如在众多竞争者中没有实力优势、信心不足等。自卑的应聘者可能在性格上不够乐观、开朗，也不愿意与他人有较多的接触和交往。

5.2.2　如何识别应聘者的谎言

应聘者在面试也可能存在说谎的情况，面试官需要做的是识别谎言，验证语言信息的真实性，这要求面试官具备一定的辨谎技能。面试中，面试官可以从语言表述和肢体动作两方面来找到说谎的线索。

（1）语言表述

如果应聘者说谎，那么在面试中可能存在以下几种情形，如不使用第一人称"我"、表达过于简练、信息过量、内容不合情理、复述简历等。

①不使用第一人称"我"：面试官针对应聘者的工作时间、职位变化、工作经历进行提问时，如果应聘者的回答下意识地避免使用第一人称"我"，那么其所说的可能是谎言。大多数情况下，应聘者在描述自己的真实经历时，都会说"我的工作……，我做了……"，在叙述中体现自己的作用，反之，应聘者在叙述时刻意回避"我"，信息的真实性就值得怀疑。

②表达过于简练：在对某些细节进行提问时，若应聘者的回答过于简练，避免进行细节描述，那么其也有可能是在说谎。因为在面试有压力的情况下，应聘者很难编出细节，所以只会简练地说一个大概。

③信息过量：面对简单的问题，应聘者却提供了很多不需要的信息，

这种信息表达过量的表现也是说谎的一种特征。比如询问应聘者每月薪资有多少，其回答不但包含薪资金额，还对该薪资的取得做出解释，并且强调自己没有说谎，这种解释会显得有违常规，需要面试官留意，此时结合表情动作来进一步识别会更为可靠。

④内容不合情理：内容不合情理、回答前后矛盾是说谎的常见表现，一般从应聘者的表述中就能发现疑点，面试官可以针对疑问进行追问，同时观察应聘者的表情和肢体动作，从而把握应聘者叙述的真实性。

⑤复述简历：在自我介绍阶段，如果应聘者的自我介绍是一字不差地复述简历内容，那么其简历的真实性也值得怀疑。虽然应聘者叙述的经历可能和简历相同，但其语言表述不会完成相同，如果应聘者明显是在背简历，那么面试官要进一步甄别简历真伪。

（2）肢体动作

从应聘者的肢体动作也可以发现其说谎的可能证据，一般来说，人在说谎时体态会表现得很不自然，因此，通过体态语言也可以了解应聘者是否可能在说谎。主要从面部表情、手势动作两方面来判断，如下所示为说谎时常见的面部表情、手势动作表现。

①不自然的微笑。即假笑，一般情况下，人在假笑时眼睛的动作非常小，仅嘴角微微向上翘，真笑时眼睛上挤，眼角和眉毛会下弯，嘴角会自然地上扬。若应聘者微笑时面部表情看起来很僵硬，这时就要格外注意。

②眼神飘忽不定。应聘者在说谎时不会长时间与面试官有目光上的接触，若应聘者的眼神飘忽不定，不敢对视，就可能是在编造谎言。另外，如果应聘者睁大眼睛盯着，则可能是在掩盖自己的谎言，在没说完之前，他们会睁大眼睛对视，以判断对方是否相信自己所说的话。

③触摸鼻子。在撒谎者身上常常可以看到触摸鼻子这一手势，这是一种常见的撒谎掩饰姿态。有研究表明，人在说谎时鼻子的神经末梢会有刺痒的感觉，这时就会通过触碰鼻子缓解这种不适感。当然，触摸鼻子并非

全是说谎的表现，鼻子干燥、情绪紧张也会导致应聘者触摸鼻子，因此面试官需要细心观察。

④手不自觉地紧握。在谈话过程中，如果一个人的双手不自觉地紧握或者下意识地抓住坚固的物体，那么对方可能在说谎，只不过人在紧张、缺乏安全感时也会有此类表现。

⑤其他小动作。如摩擦眼睛、抓挠耳朵、抓挠脖子、拉拽衣领、用手遮住嘴巴等。

在面试过程中，面试官还可以结合其他方法来进一步识别谎言，如以下一些方法。

①层层追问，问清细节，直到了解真相。

②找准漏洞质问，以压力提问来试探对方的反应，拆穿其谎言。

③反复提问，打乱问题分阶段提问，通过反复确认来验证真实性。

通过提问＋语言识别＋行为识别相结合的方式，面试官就能有效识别应聘者说的是真的还是假的。

5.2.3　挖掘应聘者离职的动机

关于离职原因的问题是面试中很常见的问题，这个问题的目的在于挖掘应聘者最真实的离职动机，从而评估应聘者与岗位的匹配度。

实际面试中，应聘者阐述的原因可能五花八门，但总体都会从主观原因和客观原因两方面来说明，比如现有公司规模较小、薪资低、人际关系复杂、公司高层变动、公司搬迁等。

大多数应聘者都清楚离职动机是面试考察的必问问题，因此，对于该问题他们通常会有所准备，所以，面试官就需要通过一系列的追问和观察来对事实进行深度挖掘。

注意，不能靠猜想来了解应聘者的离职动机，而应通过提问来确认其离职动机，要了解虚实就要让应聘者说出更多有价值的信息。实际面试中，应聘者对离职动机的回答可能存在如下所示的几种情形。

①拒绝回答该问题。

②回答了，但非正面回答。

③正面回答了，但没有说到重点。

④诚恳直接的回答。

针对以上四种情形，面试官要采用不同的方式进行应对，下面结合范例进行分析。

范例解析 如何打探离职原因

情形1：拒绝回答

应聘者如果拒绝回答，面试官有必要询问其拒绝回答的原因，或者告知应聘者询问离职原因只是做一个基本的了解，如以下对话示例。

面试官：为什么离开上家公司？

应聘者：不好意思，不方便透露。

面试官：能告诉我原因吗？询问离职原因只是方便我们对你有基本的认识。

情形2：非正面回答

在面试官询问离职原因时，有的应聘者会回答，但并不会正面回答，这时面试官就要进行深度挖掘，如以下对话示例。

面试官：请问你是出于什么原因离开上家公司？

应聘者：想要寻求更好的发展机会。

面试官：我有了解过这家公司，发展势头不错，你为什么会觉得没有发展机会？

应聘者：主要是公司内部变动，我的工作内容也发生了变化，对我来说挑战性不足，综合考虑后，我认为个人的工作发展很重要，所以想要胜任更具有挑战性的工作，寻求更大的发展机会。

情形3：没说到重点

如果应聘者正面回答了离职原因，但没有说到重点，这时可以结合应聘者的回答进行归纳总结，并向其确认，如以下对话示例。

面试官：你为什么从上家公司离职？

应聘者：公司要搬了，距离太远，我在上家公司也很难再有升职，所以离职了。

面试官：我总结一下，是因为通勤时间和职位晋升的原因才选择离职的吗？

情形 4：诚恳直接的回答

针对离职原因这一问题，如果应聘者诚恳直接地进行了回答，那么可以向对方再次确认，或者询问还有没有其他离职原因，如以下对话示例。

面试官：能说一说你离职的原因吗？

应聘者：在上家公司任职期间，同事之间相处很融洽，只是公司经营不善，已经出现拖欠工资的情况，只能无奈选择离职。

面试官：确实会遇到这种情况，公司发生客观变化是我们无法预料和控制的。如果公司没有出现经营困难，你有考虑离职吗？

5.2.4　如何回答应聘者的提问

面试过程中应聘者也会向面试官提问，有些提问会比较犀利，面试官要懂得如何应对，应聘者常问的问题有表 5-1 所示的几类。

表 5-1　应聘者常问的几类问题

类　型	解　析
培训和发展机会	这是很多应聘者比较关心的问题，因此他们会在面试中提问，如询问公司是否有正式或非正式的教育培训；入职后是否有轮调机会等。这个问题不要回避，可以如实回答，因为大多数公司都会提供培训机会，面试官可以告诉应聘者，公司提供入职培训和定期培训，并且会根据个人能力提供不同的培训机会，同时询问应聘者需要公司提供哪些培训帮助，以了解应聘者的培训意向
工作职责	有的应聘者对岗位的具体工作职责了解不多，在面试中就会询问与工作职责有关的问题，如这个职位的发展前景是怎样的；这份工作最重要的能力是什么，针对这个问题，面试官只需结合岗位具体的职责要求进行回答即可

类 型	解 析
公司 / 行业发展	有的应聘者很看重公司 / 行业未来的发展空间，此类应聘者通常对自身职业发展有明确的规划，所以会询问公司是否有发展优势；公司盈利怎样；公司的战略目标是怎样的；公司与竞争对手不同在什么方面等，这些问题有些可能涉及公司机密，因此在回答时不要泄露公司机密，可以先从大方面回答应聘者，让应聘者看到公司的实力以及入职后的发展机会
面试官个人感受	有的应聘者也会通过面试官了解公司，所以会请面试官分享自己对公司或工作的感受，比如在这里工作您最享受什么；您能举个例子说明您如何践行公司的管理制度吗；方便分享一下您对于这个岗位职业发展的见解吗？针对此类问题，如果面试官回答不上来，很容易给应聘者留下不好的印象，面试官可以从工作感受、公司管理、发展方向的角度回答，让应聘者感受到自己对公司的热爱以及工作的热情

5.3　如何对应聘者进行有效评估

面试评估是人才招聘的重要一环，也是极为关键的一环，决定着最终的面试结果。很多企业招聘成功率很低，很大一部分原因就在于没有对应聘者进行有效的面试评估。

5.3.1　面试评估的评分标准

面试评估凭主观感受决定是很多中小型企业普遍存在的现象，这样的评估带有很强的主观性，容易受个人主观印象、知识经验、情感好恶等的影响。为了尽可能地保证面试评估的客观公正性，为企业招聘到优秀人才，面试官要明确不同岗位的面试测评要素，然后对每一项测评要素划定观察要点和评分标准。

表 5-2 所示为某公司面试评估标准表。

表 5-2　面试评估标准表

测评要素	观察要点	评分标准
仪容仪表	应聘者的仪容仪表和行为表现，着装是否符合面试要求，面试过程中行为举止是否注意礼仪，包括敲门、问号站姿、坐姿、离场等	①服饰整洁干净、大方得体 ②行为举止得体，懂礼貌 ③站姿端正稳重、坐姿直挺不散漫 ④没有过多小动作和不适当的举动，如抖腿、翻眼等
语言表达能力	将自己的观点和看法通过语言的方式表达出来，要求用词准确、语意清晰、语句简洁、有说服力	①能够清晰地表达自我 ②语言表述得体，没有语病 ③语言简洁不啰唆 ④语言表达上完整清晰
应变能力	在有压力的情境下，能审时度势，随机应变，面对突发事件时能够做出正确的判断和处理	①面对突发事件，反应迅速 ②能够抓住需要解决的问题 ③能够寻求合适的方法妥善解决问题
综合分析能力	观察、思考和决策的能力，能够把握事物的本质，抓住主要矛盾，准确有效地解决问题	①能够对问题和现象进行收集、归纳和概括 ②善于思考和洞察，能够很快理清思路 ③能从大局角度思考问题，可以看到事物的正反面
组织协调能力	对资源进行分配，从而实现组织目标的能力，能够有计划地开展工作，善于调配资源，并对冲突进行协调，能够激励下属，鼓励他人来完成工作	①根据公司或部门目标，分析有利和不利因素，并制订切实可行的计划 ②能够妥善解决冲突与摩擦 ③能够调配协调人力、物力、财力等有关资源 ④有效的授权，通过他人的努力来完成任务
人际交往能力	懂得各种场合的礼仪、礼节，掌握一定沟通技巧，能够处理各类复杂的人际关系，有团队合作精神	①人际交往具有主动性 ②能够处理好各种复杂的人际关系 ③对组织中权属关系有清晰的认识 ④理解他人，能够将自己内心的思想表现出来

表 5-2 将测评要素分为仪容仪表、语言表达能力、应变能力、综合分析能力、组织协调能力和人际交往能力六项。面试官可以结合岗位任职资

格来确定评估要素和标准，这样在评估应聘者时会更有针对性，效率也会更高。如果应聘者还进行了笔试，那么还要综合考虑笔试成绩，最后得出评审意见。

5.3.2 认真做好面试记录

人的记忆力是有限的，不足以让我们记住所有面试对象的所有信息，因此，在面试的过程中同步做一份完整的面试记录是很有必要的。面试结束后，面试官可以根据面试记录对应聘者做出有效评估，另外，还可以将面试记录反馈给人力资源部门，为简历筛选优化提供依据。为了提高面试记录的效率，面试官可以利用面试记录表来做记录，表 5-3 和表 5-4 为两种面试记录表，面试官可以根据需要选用。

表 5-3 面试记录表（问题型）

应聘者姓名		专 业		应聘岗位	
面试地点		开始时间		结束时间	
为使面试工作更加系统化、规范化，尽量提高面试的准确性，便于进行面试比较、筛选工作，请您认真做好面试记录。非常感谢您的合作！					
面试题 1： 目的： 记录： 点评：					
面试题 2： 目的： 记录： 点评：					

续上表

临时性问题：	
记录：	
点评：	
面试总评：	
总评：	

表5-4　面试记录表（复试型）

第一轮　初试				
姓　　名		应聘岗位		
受教育情况	学校：　　　　专业：　　　　　　学历：			
资质证书				
仪容仪表	记录： 简评：			
沟通能力	记录： 简评：			
应变能力	记录： 简评：			
发展潜力	记录： 简评：			
工作经验 匹配度	记录： 简评：			
过去工作 稳定性	□非常稳定（3年以上）　　　　□相对稳定（1～2年） □经常变动（1年以上）			
技能与业务水平				
面试记录：				
建议：□复试　　□后备　　□不考虑　　面试官签字：　　　日期：				

续上表

第二轮　复试	
与岗位的综合匹配度	面试记录： 面试官评价：
岗位所需专业技能掌握程度	面试记录： 面试官评价：
所希望待遇与个人经验、技术能力与岗位是否相符	□薪资要求标准低　□符合　□薪资要求标准高
应聘者关注的问题：□薪资　　　　□带薪年假　□年终奖　　□保险　　　□工作环境 　　　　　　　　　　□培训机会　□晋升空间　□上班时间　□试用期时间　□其他：	
评价： 建议：□复试　　□后备　　□不考虑　　面试官签字：　　　日期：	
第一轮　终试	
主面试官评价	签字：　　　　　　日期：

在做面试记录时不必要所有面试细节都详细记录下来，为提高效率，可以记录下要点，做记录时应避免让应聘者看到记录内容。

5.3.3　如何评估应聘者的软实力

很多岗位都要求员工具备沟通交流能力、解决问题的能力、领导能力等软实力，那么面试官要如何在面试中评估应聘者的软实力呢？由于软实力难以量化，因此通常通过提问的方式来了解应聘者的软实力，然后根据应聘者的回答来做出评估。

为了保证软实力评估的客观性，可以使用标准化的问题，并明确评估要点，然后由人力资源部和用人部门共同打分，表5-5所示为软实力面试评估表。

表 5-5　软实力面试评估表

应聘者姓名		学历		应聘岗位	
年龄		工作年限		面试时间	
评分标准	优秀—5 分　　良好—4 分　　一般—4 分　　较差—2 分　　差—1 分				
测评要素	评价要点			人力资源部	用人部门
团队合作能力	①考虑问题周全，能够包容团队成员 ②能与团队成员建立较好的关系 ③工作获得成员的支持和认可 ④善于听取他人意见，不会固执己见				
沟通能力	①面试表达准确，顺畅 ②能有效聆听，快速抓住问题要点 ③与之交谈轻松愉快				
适应能力	①面对工作任务的改变，能及时进行自我调整 ②工作强度增加也能保证任务的顺利进行 ③周围的环境发生改变时，能冷静应对来自外部的压力				
解决问题的能力	①与上级保持良好的沟通，遇到问题及时反馈 ②遇事能独立思考、理性分析 ③能找到问题所在并提出解决方案				
创新能力	①在管理／技术／产品上有过创新 ②合理化建议被采纳				
领导能力	①头脑清晰，决定果断 ②懂得自我激励和激励下级 ③自信，能团结一切可以团结的力量				

5.3.4　如何衡量应聘者的职业稳定性

企业在成长发展的不同阶段，对应聘者职业稳定性的要求会不同。在初创期，企业规模较小，为了尽快开展业务，在市场中生存下来，招聘面试时会更看重应聘者的能力和经验，对职业稳定性的要求相对较低。

在成长期和成熟期，由于企业正处于持续的发展阶段，因此对应聘者的职业稳定性要求会较高，而且岗位职级越高，稳定性要求也越高。因此，

　　面试官在对应聘者的职业稳定性进行评估时，也要考虑企业发展阶段和岗位特性，给予恰当的权重。

　　在面试评估中，有的面试官会以更换工作的频次来衡量应聘者的职业稳定性。实际上，职业稳定性受多方面因素的影响，仅以换工作的频次来评估是不够全面和有效的，面试官可以结合表 5-6 所示的评价要素来对应聘者的职业稳定性进行有效评估。

表 5-6　职业稳定性评估要素

评估要素	要　点
职业生涯规划	一般而言，有明确职业生涯规划的应聘者稳定性会较高，面试时，询问应聘者的职业规划
变换工作频率	留意应聘者变更工作的频率，一般来说，工作延续时间间隔 1 ~ 2 年就有一次离职经历的应聘者，稳定性会较差。3 ~ 5 年间隔有一次离职经历的应聘者，稳定性会较高。如果应聘者以往几份工作的延续时间基本相同，那么该应聘者可能形成了定期离职的习惯。若应聘者每份工作的延续时间呈递增走势，那么该应聘者的职业稳定性可能在增强，反之，则可能在减弱
离职原因	通过离职原因了解应聘者的离职动机，如果应聘者主要是因为主观原因离职的，那么相较于被动离职的应聘者，其稳定性会较低
年龄	一般情况下，应聘者的年龄越大，职业规划会越清晰，也会越追求工作的稳定性，因此，职业稳定性也就越高
家庭	家庭因素也会影响职业稳定性，已婚、有子女的应聘者职业稳定性一般要高于未婚、无子女的应聘者

　　根据以上几个因素，面试官可以制作职业稳定性评估表，然后对应聘者的职业稳定性进行评分，见表 5-7。

表 5-7　职业稳定性评估表

应聘者姓名		学历		应聘岗位	
年龄		工作年限		面试时间	
评分标准	稳定性高（100 ~ 81 分）　基本稳定（80 ~ 61 分）　不稳定（60 分以下）				

续上表

评价要素	评估要点	分值	评分
职业生涯规划	①是否有职业生涯规划 ②职业生涯规划是否合理 ③是否一直在同一行业相同类型职位工作	20	
变更工作频率	①离职间隔时间，3～5 年、2～3 年、1～2 年以及 1 年以下，间隔时间越长，稳定性越高 ②刚开始进入职场的 5 年，变换工作频次，3 次以上，稳定性较差	20	
离职原因	被动离职的应聘者稳定性高于主动离职的应聘者	20	
年龄	①年龄越大，职业性格越稳重 ②年龄越大，职业规划越成熟 ③年龄越大，职业路径越窄	20	
家庭	①已婚应聘者稳定性一般高于未婚应聘者 ②有子女的应聘者稳定性一般高于没有子女的应聘者	20	
统计	—	100	

　　除以上因素外，应聘者的职业性格、职业追求、职业态度等也会影响其职业稳定性，面试官也可以加入这些评价要素来进行综合评估。

5.3.5　面试官如何写好面试评语

　　在招聘面试中，面试评语有三大作用，一是为复试（终试）提供参考；二是为录用提供依据，三是评估面试官的评价水平。如果面试评估表中有评价栏，面试评语一般写在评估表中，若面试评估表中只有评分栏，则可以单独制作面试评价表单，以便作为录用参考以及人力资源存档使用，

表 5-8 所示为面试评价表。

表 5-8　面试评价表

应聘者姓名		性　别		毕业时间	
毕业学校		专　业		期望薪资	
面试时间					
面试评语					
评定	□拟录用　　□备取　　□不录用				

　　面试评语能体现面试官的专业性和评价能力，在写面试评语时，要注意以下几点。

　　①结合应聘岗位的任职要求来写评语，比如某设计岗位要求应聘者有扎实的设计功底，具有团队合作精神，但面试官在写评语时并没有围绕这两方面进行评价，反而是写了很多与岗位基本要求无关的内容，这样的评语就是不合格的，无法为聘用提供参考。

　　②写面试评语时用语尽量精炼，注意评价表述应客观准确，不能在表面上应付完事。

　　③面试评语是对应聘者的工作能力以及综合表现进行评价，因此，在评价时最好包含优点和弱点两个方面。

　　④录用决策不可模棱两可，应在面试评价表中明确是否录用。

第6章

慧眼识人，如何确定你想要的人才

　　正确地做出录用决策既是对企业负责，也是对应聘者负责。面试官要在甄选评价的过程中综合分析应聘者的素质和能力特点，然后确定公司所需的优秀人才。人才录用应保证客观公正，同时应有规范的流程，这样能减少录用风险，对公司和员工来说是双赢。

6.1 科学甄选合格的应聘者

对应聘者进行有效评估是录用中最重要的环节，如果面试官仅凭第一印象来判断录用与否是比较轻率的，也容易在录用后发现人岗并不配备，那么，怎样才能科学甄选合格的应聘者呢？

6.1.1 职位录用决策流程

应聘者成为公司的新员工后不一定能度过试用期成为正式员工，实践中，面试官可能会遇到以下几种情况：

①新员工入职公司后没几天就离职了。

②新员工不能完成本职工作，没有通过试用期。

③新员工发现企业不适合自己，主动离职。

那是什么原因造成了以上这几种情况呢？有企业自身的原因，也可能是应聘人员自身的问题，如以下原因：

①招聘时夸大企业优势。

②面试官做出了错误的录用决策。

③新员工没有明确的职业规划，抱着试一试的心态入职。

④新员工缺乏实际的经验技术，入职后暴露出各种问题。

新员工入职没几天就离职，无疑会增加企业的用人成本。面试官要在面试录用阶段就意识到这一问题，通过科学的人才甄选来帮助企业招聘到与目标岗位任职要求最匹配的员工，从而降低新员工离职率。以下为录用决策的一般流程：

①对应聘者进行评估。根据面试结果对应聘者进行评估，确定拟录用的应聘者名单。

②应聘者排序。根据面试评估结果，按照岗位对应聘者进行排序，注意应避免凭主观感受来排序，可以使用加权评分法进行排序。

③确定录用名单。根据排序结果以及人力资源或用人部门的意见，确定拟录用的名单。此外，还可以列出备选名单，如果第一顺位应聘者拒绝了工作录用，那么可以跟进候补人员。

6.1.2　面试结果汇总与比较

当实际参加面试的人数大于岗位拟聘用人数时，面试官需要根据笔试、面试的结果来明确拟录用员工的优先次序。优先对第一位符合聘用条件的应聘者发起录用通知，如果该应聘者拒绝工作录用，那么再向第二位人选发起录用邀约，以此类推。表 6-1 所示为面试结果汇总表。

表 6-1　面试结果汇总表

排名	姓名	性别	笔试成绩		面试成绩		总分	备注
			卷面	40%	答题	60%		

并不是所有的面试都有笔试环节，如果招聘录用仅通过面试进行评估，那么可以计算每位应聘者的加权平均分，根据加权平均分来择优选择应聘者，表 6-2 所示为面试成绩加权评分表。

表 6-2　面试成绩加权评分表

胜任力要素	权重	应聘者 1		应聘者 2	
		原始得分	加权得分	原始得分	加权得分
专业技能	30%				
责任感	10%				
解决问题的能力	20%				
创新能力	10%				
团队意识	10%				
领导能力	20%				
加权平均分					

根据表 6-2 对应聘者的面试成绩进行统计比较后，就很容易确定应该录用哪位应聘者。在人才录用过程中，使用加权评分法甄选候选人，要把握以下关键点。

①要根据岗位来选择不同的胜任力指标。

②要客观评价应聘者的各项胜任能力。

③结合面试记录或评估表统计计算应聘者的加权平均分，然后进行比较，甄选出优秀的候选人。

6.1.3　录用决策时容易犯的错误

在做出录用决定时，面试官也可能犯一些错误，这些错误会降低人力资源招聘的效率，造成人力资源成本的浪费。在招聘录用阶段，如果面试官做出了错误的录用决策，新员工离职率就会很高。面试官常犯的录用决策错误有以下一些。

（1）降低录用标准

在面对较大招聘压力的情况下，有的面试官为了完成招聘任务会人为降低录用标准，这种情况下人力资源部能够完成招聘任务，但招聘质量就可能达不到要求。

大多数情况下，面试官都不应降低标准来录用人员，除非录用标准确实定高了，这时就不得不重新思考录用标准，但是这种情况很少见。另外，降低录用标准也意味着企业可能会招聘到更多的低配人才，这时企业可能会陷入不停离职、不停招聘的恶性循环中。

（2）受他人影响

内部员工推荐也是企业的一种招聘方式，由于面试人员是通过引荐人推荐的，所以面试官可能会受引荐人的影响而做出错误的面试决策。比如面试官很尊敬引荐人或者与引荐人私下关系较好，那么就可能对应聘者抱有好感，甚至降低标准录用。反之，如果面试官与引荐人之间发生过矛盾或冲突，面试官也可能因此而排斥应聘者，即使应聘者足够优秀，也做出了不予录用的决定。

为了避免这种情况影响面试录用的客观公正性，企业可以制定内部员工推荐制度，规范面试官的录用行为，保证人员录用的稳定性和匹配度，如下所示为某公司员工内部推荐管理制度。

范例解析 员工内部推荐管理制度

1. 目的：

为了完善招聘及录用管理制度，进一步规范内部推荐应聘流程，保证内部推荐人员的素质，特制定本制度。

2. 可推荐岗位范围：

公司员工向公司推荐人才时仅限以下类型岗位：工程技术类、现场操作类、售后服务维修类、总务外勤部司机以及其他公司急需的岗位。

3. 内部推荐应聘流程：

3.1 当公司有职位空缺时，推荐人方可向人力资源部递交被推荐人的相关材料，包括被推荐相关证件原件及复件，人力资源部对被推荐人的入职资格进行初步审核。

3.2 经人力资源部初步审核合格者再约见初试。初试合格后，被推荐人填写内部推荐审批表及应聘程序记录表，面试官签署意见后转至用人部门进行专业知识理论考核。

3.3 理论考核合格者，由用人部门文员带领被推荐人及其应聘材料到部门进行专业考核，专业考核合格者，主面试官签署录用意见，并上交部门经理签署意见。

3.4 部门经理同意试用的，由用人部门文员带领被推荐人及应聘材料转交人力资源部，人力资源部经理对理论、技能考核合格的被推荐人及相关资料进行审核，并在内部推荐审批表上注明意见。

3.5 人力资源部复核合格后，被推荐人及其相关材料再由总经理或被授权人员审批。完成审批后，对于同意录用人员再按照新员工录用的工作流程办理。

4. 内部推荐纪律：

4.1 推荐人必须如实向人力资源部提供被推荐人的个人简历及相关资格证书，如有编造被推荐人工作资历及伪造相关资格证书的，经查实后除了被推荐人不予录用或辞退处理外，推荐人将负连带责任，罚款××元，并取消推荐人推荐资格。

4.2 为确保招聘的公平性、公正性，严禁任何人在内部推荐考核过程中进行暗箱操作，如发现有舞弊行为，推荐人及对被推荐人考核的相关人员轻则处以××元罚款，因此而给公司造成重大损失或不良影响的，将对相关责任人加重处罚。

4.3 为确保部门管理的公平和公正，推荐人与被推荐人不得有直接或间接的上、下属关系。

5. 自本制度生效之日起，原相关规定同时废除。

6. 本制度自总经理签署之日起生效执行。

（3）凭第一印象判断

凭第一印象判断是很多面试官常犯的错误，有的面试官不会全面细致地去考察应聘者，而是仅凭第一印象就做出是否录用的决定。如果第一印象很差，就会认为应聘者身上没有优点；如果第一印象很好，就会抱着欣赏的态度对待应聘者。

实际上，凭第一印象做出录用决策很可能会导致企业错失优秀人才，因为第一印象过于主观，也很容易被迷惑而误判。所以，面试官不能以第一印象来判断应聘者是否符合要求，而应综合评价和分析应聘者的素质与能力，按照预先设计的录用标准来进行合格应聘者的筛选。

6.2 正式录用前的背景调查

很多面试官都会忽视录用前的背景调查，认为应聘者已经经过了层层筛选，背景调查并不重要。背景调查有两大作用：一是提高招聘的精准度；二是降低招聘风险，排除录用隐患。

6.2.1 哪些职位需要进行背景调查

企业可以根据自身情况选择需要做背景调查的职位，一般情况下，以下职位有必要做背景调查。

①中高层管理职位，比如人事经理、销售总监、副总经理、技术研发总监等。

②涉及商业秘密的职位，比如技术人员、研发部工程师、技术支持人员、秘书、大客户经理等。

③资金管理职位，比如出纳、总会计师、财务经理、投融资经理、资金核算等。

以上是常见的有必要做背景调查的职位，在具体做背景调查时，企业要根据自身实际选择背景调查的对象，主要对象是企业中负责管人、管物、管财的关键岗位，以及中层、高层管理人员。另外，根据职位的不同，背景调查的侧重点也应不同，如下所示为某公司背景调查制度中关于"调查内容"的内容。

根据岗位确定背景调查侧重点

根据岗位要求不同，调查内容具体如下：

对文员、司机、保安、保洁等基层员工，重点进行身份证识别，家庭情况，离职原因，有无犯罪记录，有无吸毒经历的调查；对文员和一般管理人员还要增加学历、资格资历证明、工作经历的调查。

对中、高层管理人员，除全部调查以上内容外，在任职经历上，必须调查前两个任职单位、近五年从事的岗位任职情况。

对重要的高管岗位，特别是掌握企业一定商业秘密的高管，要做好360°全方位、立体化背景调查。调查是否与原单位签订过竞业限制协议，必要时委托有资质的第三方专业调查机构或猎头公司予以调查。

从上述内容可以看出，该公司根据岗位要求明确了背景调查的范围。一般来说，基层岗位的调查范围主要是学历在内的基本信息；中高层管理岗位则需要调查基本信息＋专业能力＋工作经历；关键高级管理岗位调查的范围应更为广泛，最好进行全面调查。

6.2.2　背景调查的步骤和程序

背景调查是能直接证实应聘者履历、证明材料等真实性有效方法，主要流程如下：

①根据岗位确定背景调查的方式以及范围。

②正式调查前与应聘者达成一致，获取应聘者本人的授权。

③请应聘者提供背景调查所需信息资源，如相关履历信息、证明人信息、证明人联系方式等。

④展开背景调查，求证应聘者的履历是否真实。

⑤填写背景调查表。

⑥根据背景调查的结果决定是否录用应聘者。

从上述流程可以看出，在做背景调查的过程中要填写背景调查表。背景调查表并没有固定的格式，主要需包含调查对象、调查内容、调查记录以及调查结论，表 6-3 为背景调查表模板，供借鉴参考。

表 6-3　背景调查表

一、应聘者基本资料					
姓名		性别		出生年月	
毕业院校		学历		专业	
应聘职位		面试主管		拟与职级	
说明：对拟录用职位为主管以上或财务类、采购类与仓管类的应聘者，需进行背景调查					
二、应聘自叙及调查记录（由近到远，调查 1～3 家单位，原则上由人力资源部安排专人进行调查）					
对象	分项		服务单位一	服务单位二	服务单位三
应聘者自叙	服务（起止）时间				
	服务单位名称				
	所处行业类型				
	员工人数				
	服务部门名称				
	职位				
	主要职责	1			
		2			
		3			
		4			
	主管电话				
	联系人电话				
	离职原因				

续上表

对象	分项		服务单位一	服务单位二	服务单位三
信息证实	所联系窗口	电话	□真实 □无人接听 □不存在	□真实 □无人接听 □不存在	□真实 □无人接听 □不存在
		主管	□真实 □无人接听 □不存在	□真实 □无人接听 □不存在	□真实 □无人接听 □不存在
		服务单位	□真实 □无人接听 □不存在	□真实 □无人接听 □不存在	□真实 □无人接听 □不存在
	调查方式		□电话 □上门 □函调	□电话 □上门 □函调	□电话 □上门 □函调
调查情况记录	采访人姓名				
	所在单位及部门				
	职位				
	联系电话				
	企业现状				
调查情况记录	对应聘者工作时间及任职情况的描述				
	对应聘者能力及业绩的评价				
三、调查结论					
录用建议			□录用 □谨慎选用	□录用 □谨慎选用	□录用 □谨慎选用
四、签字审核					
调查人	本人对以上记录的调查信息的真实性、有效性负责！ 调查人签字： 调查日期：				
审核人					

6.2.3 背景调查的六种方法

背景调查的方法有多种，包括电话调查、实地调查、网上调查、电子邮件调查、第三方机构调查、表格填写调查等。

（1）电话调查

电话调查是最为常用的一种调查方法，适用于对应聘者的学历、工作单位、职位、离职原因等进行调查。采用电话方式开展背景调查，需要获取采访人的电话号码，主要途径如下。

①应聘者在简历或职位申请书上填写的相关证明人的电话号码。

②通过应聘者原公司网站或其他平台获取原工作单位或人事部门的联系方式。

③让应聘者本人提供证明人名单和电话号码。

电话背景调查的内容一般包括应聘者的工作内容、表现、离职原因等。面试官在进行电话调查时要注意措辞，具体要遵循以下步骤。

①自我介绍：接通电话后先做一个自我介绍，如"您好，我是 ×× 公司的人事，请问您是 ×× 吗？"

②背调说明：向对方说明打电话的目的，比如"我们正在做新员工入职背景调查，我想通过您了解 ×× 在公司的一些基本情况。"

③确认授权：为消除对方的疑虑，应明确告知对方此次背调是经过授权的，比如"您放心，此次背调已经得到了 ×× 的书面授权，如果需要我们可以将授权书发给您，同时我们保证对此次谈话内容严格保密。"

④正式提问：根据背景调查的内容向对方提问，比如原单位工作时间、与原同事相处关系、工作业绩等。

（2）实地调查

如果应聘者已经与原工作单位解除了劳动关系，但是原工作单位办公地与本公司属于同城或者是异地近距离，那么就可以采取实地登门拜访的方式调查。实地调查一般针对高层管理岗位，这种调查方式花费的时间和精力相对会更多，但可靠性更强。

（3）网上调查

网上调查是指通过网络查询的方式进行调查，比如通过社交网站、职业资格证书查询网站、征信系统、学信网等其他公共渠道。以学信网为例，进入学信网后单击"学历查询"选项卡，在打开的页面中可以选择本人查询、零散查询和企业用户查询三种查询方式，面试官一般可选择零散查询方式，单击"查询"按钮进行查询，如图6-1所示。

图6-1　通过学信网查询学历

（4）电子邮件调查

电子邮件调查是指向应聘者原单位或证明人发送电子邮件，了解应聘者相关工作背景情况。电子邮件查询一般采用问卷调查的方式，如果采用提问回复的方式会花费对方较多的时间和精力，对方很可能拒绝提供任何信息，采用问卷的方式效率更高，也更客观，如下所示为某公司设计的背景调查问卷。

范例解析 背景调查问卷

××先生／女士，您好！我是××公司的人事总监，我们需要做员工背景调查工作。此次问卷是针对××先生／女士的，根据其提供的信息，您与他／她曾是同事，希望能占用您一点时间，帮助我们完成此次背调。

我们的背调工作已经征得××先生／女士的书面授权，同时我们会对此次背调问卷进行保密，非常感谢您的参与和支持！

为了保证背调的有效性和准确性，请您在正式填写之前，认真阅读以下说明。

1. 请您结合您与应聘者的实际合作情况，对被应聘者的工作表现给予真实、客观的评价。

2. 请您就每一问题，在选项中选择最符合应聘者实际工作情况的一项。

3. 本次评估分为封闭式问题和开放式问题两个部分，完成此表大约需要五分钟。

1. 应聘者姓名：

2. 乐于向其他团队的同事学习，并能虚心接受他们给出的意见和建议。

□几乎没有　□偶尔为之　□频率中等　□经常为之　□一贯如此

3. 清楚各项资源在不同团队间的分布情况，工作中有意识地寻求其他团队的支持并且乐于提供其他团队所需的帮助。

□几乎没有　□偶尔为之　□频率中等　□经常为之　□一贯如此

4. 对工作进行合理授权，监督工作任务的执行过程，并及时地给予相应的反馈。

□几乎没有　□偶尔为之　□频率中等　□经常为之　□一贯如此

5. 关注并规划团队成员职业发展通道，配以人才发展培训计划，形成团队内的人才梯队。

□几乎没有　□偶尔为之　□频率中等　□经常为之　□一贯如此

6. 对中长期工作目标和方案进行详细构思与计划，充分考虑到计划中的各关键点，并落实到具体可执行的行动计划。

□几乎没有　□偶尔为之　□频率中等　□经常为之　□一贯如此

7. 根据不同团队成员的特点和不同工作环境的需求，灵活调整并平衡各种不同的领导风格类型，营造高绩效的团队氛围。

□几乎没有　□偶尔为之　□频率中等　□经常为之　□一贯如此

8. 向团队成员不断描绘、阐述组织的愿景使命，解释公司宏观政策的意义，说明团队各项工作的目的与目标，不断感召、激励团队。

□几乎没有　　□偶尔为之　　□频率中等　　□经常为之　　□一贯如此

9. 从组织架构、业务与管理流程、团队人才发展机制等组织层面分析具体问题产生的原因，并进行相应的局部调整，通过组织能力的改善避免同样的问题再次发生。

□几乎没有　　□偶尔为之　　□频率中等　　□经常为之　　□一贯如此

10. 优化团队的运作机制，比如建立奖惩规则、协作流程制度等，并有效落实。

□几乎没有　　□偶尔为之　　□频率中等　　□经常为之　　□一贯如此

11. 深刻理解公司战略，时时督促和检查组织内的组织架构、流程、人才发展等机制是否符合公司战略要求。

□几乎没有　　□偶尔为之　　□频率中等　　□经常为之　　□一贯如此

12. 对客观市场数据及信息进行分析，从中发现各类关键因素如产品定位、客户细分类型等的直接关联。

□几乎没有　　□偶尔为之　　□频率中等　　□经常为之　　□一贯如此

13. 简单可信，实事求是，信守承诺。

□几乎没有　　□偶尔为之　　□频率中等　　□经常为之　　□一贯如此

14. 除了自己能做到诚信之外，当发现别人不诚信的行为时，会去提醒和制止。

□几乎没有　　□偶尔为之　　□频率中等　　□经常为之　　□一贯如此

15. 具备强烈的责任心，能带来好的结果，好的结果包含业绩的提成，突破性的效率提升。

□几乎没有　　□偶尔为之　　□频率中等　　□经常为之　　□一贯如此

16. 当上级提出更高的目标时，勇于接受，并努力做到。

□几乎没有　　□偶尔为之　　□频率中等　　□经常为之　　□一贯如此

17. 主动融入团队，善于与不同的人合作，帮助团队解决问题（团队可以是所在团队、也可以是跨团队）。

□几乎没有　　□偶尔为之　　□频率中等　　□经常为之　　□一贯如此

18. 接受新的变化，做出好的结果或带来好的影响。

　　□几乎没有　　□偶尔为之　　□频率中等　　□经常为之　　□一贯如此

19. 站在客户角度，主动了解客户诉求，对客户的需求有深刻了解，帮助客户解决问题（"客户"对外是业主、商家，对内是公司内部客户、服务对象）。

　　□几乎没有　　□偶尔为之　　□频率中等　　□经常为之　　□一贯如此

20. 请用 2 ~ 3 个关键词说明被评估人身上的闪光点，并说明具体事例：

21. 请用 2 ~ 3 个关键词说明被评估人身上的待改善点，并说明具体事例：

22. 请选择您与被评估人的关系。

□您是被评估人的直接上级

□您是被评估人的同级

□您是被评估人的下级

□您是被评估人的跨级下级

23. 您的姓名：

（5）第三方机构调查

现在市场上有很多专业的背景调查机构，这些调查机构都有自己的数据库，可通过数据库对应聘者的信息进行核查比对，能够给出较为客观公正的背景调查报告。企业若没有条件自行开展背景调查，就可以委托第三方机构进行调查。

（6）表格填写调查

背景调查涉及的很多信息都只有应聘者才能提供证明材料，所以，可以让应聘者填写背景调查审查表，并提供各类证明材料的原件以及复印件（复印件存档），同时让应聘者在审查表中签字承诺"本人所提供材料均真实有效"。应聘者可以提供的证明材料有学历证／学位证、离职证明、健康体检报告、职业资格证书等。表6-4所示为背景调查审查表（应聘者填写）。

表 6-4 背景调查审查表

一、基本信息					
姓名		性别		出生年月	
毕业院校		最高学历		专业	
所持证书			身份证号		
二、工作信息（请填写最近工作单位信息）					
单位名称				所属行业	
单位地址				单位性质	
公司网站				单位规模	
调查项目及内容				核实	补充说明
1. 应聘简历所填工作时间是否与实际相符？				□是 □否	
2. 应聘简历所填任职职务是否与实际相符？					
3. 离职时各项工作是否交接完善？					
4. 劳动关系是否已解除？					
5. 是否存在经济纠纷或违规违纪行为？					
6. 有无培训协议或竞业禁止？					
7. 在职期间薪酬水平（请填写具体金额或范围）					
声明	本人郑重承诺： 1. 在面试过程中所提供的材料真实有效，在应聘简历中所填写的信息完全属实。 2. 向公司提供的材料如有不实信息，自愿按照公司相关管理规定接受处罚，包括拒绝聘用或解除劳动关系。 3. 授权 ×× 公司对本人信息进行核实，如与提供的材料不符，本人自行承担一切后果。特此承诺！ 签字：　　　　　　　　　　　　日期：				

6.3 录用通知不能少

录用是招聘过程中的重要一环，人力资源部需要根据面试和背景调查的结果向合格者发送录用通知。被录用员工在接到录用通知后需在规定的时间内报道，但也可能遇到应聘者拒绝录用或需要延期报道的情况。

6.3.1 面试结果反馈通知

在面试过程中，除当场合意决定录用的情况下，一般会告知应聘者"请您回去等通知"。在统计出面试结果后，面试官要做的一项重要工作就是告知应聘者面试结果，向合格者发出录用通知。

一般情况下，在面试结束后面试官只需通知被录用的应聘者即可，但是从树立企业良好形象的角度出发，同时体现对应聘者的尊重，也有必要通知未录用的应聘者面试结果，以减少对方等待的时间。面试结果通知可采用电话、短信、邮件以及纸制信的方式。

（1）电话通知

电话通知更适合被录用的应聘者，接通电话后先表明身份，然后向应聘者表示祝贺，最后说明入职办理的相关事宜，如下所示为电话录用通知示例，供借鉴参考。

范例解析 **电话录用通知示例**

电话通知示例 1

您好，××，我这边是××××人事部，您应聘我公司的××××岗位，经过公司领导面试和综合评定，恭喜您已经被我公司录用，请您于××××时间到公司人事部报到，报到时请您携带本人身份证、学历证复印件各一张，一寸近期彩色照片两张，以方便办理入职手续。

电话通知示例 2

×××，您好，我是××公司人事经理，恭喜您通过了××××一职的面试，欢迎加入××团队，请于××月××日 9:30 携带身份证复印件、学历证书复印件、离职证明到公司报道。

（2）短信通知

与面试通知一样，电话通知应聘者被录用后，也可以向应聘者发送短信，说明办理入职的时间、录用岗位，需要携带的材料等。短信也适合淘汰通知，委婉地告知应聘者未通过面试录用，如下所示为通知示例，供借鉴参考。

短信录用通知示例

您好，×××，我是××××公司人事，很高兴通知您，您应聘的××××职位已面试合格，恭喜您成为本公司一员。请您于××月××日 9:30 到公司办理入职，请带来身份证复印件、学历证书复印件和两张一寸照片，请准时到公司报道。收到请回复，谢谢！

短信淘汰通知示例

您好，×××，这里是××××公司。非常感谢您能来我公司参加××××岗位面试，经过面试综合评定，您不太符合我司×××岗位的要求，但我们会将您的简历放在公司人才库作为储备，若有合适岗位，我们将会为您推荐，也希望您能一如既往地关注我们的招聘信息，非常感谢您对××××的支持。

（3）邮件通知

如果录用通知承载的内容较多，那么可以采用邮件方式通知。录用通知邮件一般可包含三方面内容，表达祝贺和欢迎、入职安排事宜以及遇到问题时的咨询方式。

发送邮件时，邮件的标题应简短明确，让应聘者一眼就清楚这是录用通知，可采用"×××入职通知""××公司录用通知书"的标题命名方式，如下所示为邮件录用通知示例，供借鉴参考。

范例解析 **邮件录用通知示例**

_____ 先生 / 女士：

您好，恭喜您通过面试！您被正式录用为本公司的员工，现将入职报到相关事宜告知如下：

一、入职手续办理时间及注意事项

1. 报到时间：　　　年　月　日

2. 报到地点：

3. 报到联系人：　　　　　　联系电话：

4. 报到需提供的材料：

（1）经本人签字确认的录用通知书。

（2）最近一家公司的离职证明。

（3）最新的身份证原件。

（4）学历证书、学位证书、职称或其他相关职业资格证书。

5. 工作岗位：　　　部　　　岗位

二、本通知书的生效

1. 我们希望在　　　年　月　日 17:00 之前获得您是否接受该职位的消息，如果在此期限内公司未得到您的回复，则录用通知自动失效，视为您放弃录用。

2. 如果您不能在邀约的入职时间报到，需事先得到公司同意后才能延后，且延后时间不能超过　　　年　月　日 17:00，否则此录用通知自动失效，视为您放弃录用。

三、入职办理事宜

1. 查看入职指引（附件1）。

2. 填写入职信息（附件2）。

欢迎您成为我们的新同事！

××××人力资源部

××××年××月××日

（4）纸质信通知

纸质录用通知书能体现招聘录用的正式性，为展示公司的整体形象，企业可以设计录用通知书的外观，使其符合公司风格、文化，图6-2所示为某公司录用通知书。

图 6-2　录用通知书

知识扩展 发出淘汰通知的注意事项

　　面试的结果反馈有两种情况，一是录用；二是淘汰。面试官在向应聘者发出淘汰通知时，要注意以下几点：①用语不能过于生硬直接，应委婉地向应聘者表达遗憾。②可以告知应聘者淘汰的原因，但不能带有歧视性用语，如性别、相貌、学历等歧视。③即便没有录用应聘者，也可以表达祝福，或者通过专业知识给予应聘者职业规划上的一些帮助，树立良好口碑。

6.3.2　要有备选人员录用名单

　　如果本公司不是应聘者心仪的对象，应聘者也会放弃录用。人才招聘要择优录用，但在岗位需要紧急招人，优秀的应聘者又放弃录用的情况下，面试官也可以向符合岗位要求，但面试表现不是最优的应聘者发出录用邀约，以快速填补空缺岗位。

面试官要根据评估结果确定拟录用名单和备选名单，若拟录用人员放弃录用，则按照备选顺序从备选人员中依次递补录用；若拟录用人员在规定时间内未报到，也按照备选名单从备选人员中依次递补录用。表 6-5 为备选人员录用名单表。

表 6-5　备选人员名单表

序　号	拟录用职位	姓　名	性　别	学　历	面试评估结果
1					
2					
3					
4					
5					
6					
7					
8					
9					

6.4　如何为企业留住人才

留住人才要从招聘入手，从源头为企业招聘到最适合岗位的人才。对于中意的应聘者，如果对方表示"不想加入公司"。面试官还可以采用有效的策略来说服对方接受入职，从而为企业留住优秀人才。

6.4.1　降低应聘者拒绝入职的可能

要想降低应聘者拒绝入职的可能，首先要清楚应聘者拒绝入职的原因，然后采用不同的说服方式，应聘者拒绝入职的常见理由有以下一些。

①找到了工作：在面试评估期间如果应聘者已经找到了工作，那么当面试官向应聘者发出录用通知后，应聘者通常会拒绝录用。

②有更好的选择：大多数应聘者在求职期间都会应聘多家公司，如果应聘者有自己心仪的公司，而本公司并不是应聘者最好的选择时，他们常常也会拒绝录用，选择更适合自己的公司。

③通勤时间太长：求职招聘是双向选择的过程，面试结束后，应聘者在真实体验过通勤距离后会对通勤时长有一个清晰的判断，若通勤时长不在应聘者可接受的范围内，他们就会因通勤花费的时间太长而拒绝录用。

④薪酬待遇未达到预期：每一位应聘者都有自己期望的薪酬范围，在面试中通常也会就岗位薪酬待遇进行沟通，如果公司能提供的薪酬待遇达不到应聘者的预期，应聘者也可能拒绝录用。

⑤专业与岗位不对口：每年毕业季都会有很多应届毕业生投递简历，有的应届毕业生对招聘岗位和专业技能会存在一定的认知误差，这种认识误差可能造成应届毕业生在面试后才发现专业与岗位不对口，因此拒绝录用。

⑥面试体验不好：面试结束后，应聘者会对公司、面试官有一个主观的感受，如果面试体验感很差，如遇到高傲的面试官、不礼貌的公司，他们拒绝入职也是很正常的。

了解了应聘者拒绝入职的理由后，面试官可以从以下几方面做好招聘面试，降低应聘者拒绝入职的可能。

①及时跟进。面试结束不代表招聘工作就结束了，面试官要与人力资源部、用人部门及时进行面试评估，在终面结束和发出入职之后的这段时间内与应聘者保持紧密联系。这样做的好处在于向应聘者表示友好，加强相互之间的黏性，增加应聘者选择本公司的可能性。

②了解真实需求。了解应聘者真正的需求是贯穿于简历筛选→面试沟

通→通知录用整个过程中的。向应聘者发出录用通知后，若应聘者拒绝，就可以从对方的真实需求入手，帮助其理清为什么公司以及岗位适合他，从而说服对方选择本公司。

③注重自身修养。面试官要记住，面试是双向的，面试官应提高自身素养，避免做出让应聘者反感的行为，如滔滔不绝，不让应聘者表现，认为自己高人一等，态度敷衍等。给应聘者留下良好的面试印象，能够有效提高录用入职率。

6.4.2　如何说服对方接受入职

经过层层筛选找到了优秀的应聘者，但是发出入职后对方却不愿意加入公司或者回答说"需要时间考虑"，这是令很多面试官比较头疼的。这种情况下，面试官要如何处理呢？首先了解应聘者拒绝入职或者需要考虑的原因，在可以争取的情况下尽量说服对方入职。应聘者不愿入职本公司，其根本原因主要有两点。

①对方的能力远远超过岗位所需，对公司来说应聘者足够优秀，但是对应聘者而言，则是人岗不匹配。

②没有找到应聘者的诉求点，岗位或公司无法吸引和打动对方。

针对第一种情形，面试官可以尝试说服，但不要抱太大希望，最好继续寻找下一位真正合适的应聘者。针对第二种情形，面试官可以换位思考，找到对方的真正诉求，说服应聘者最终入职。

在进行入职说服时，面试官可以采用 5F 说服法，帮助提高说服的效率，5F 说服法由五个 F 组成，具体内容如下所示。

①适合（fit）：适合是说服的前提，面试官首先要评估应聘者是否真的与岗位匹配，包括需求和能力的匹配度以及文化和观念的匹配度。双方越匹配、越适合，说服的成功率就越高。因此，在说服过程中，面试官可以强调"你很适合""这个岗位很适合你"。

②家庭（family）：很多应聘者都很关注工作和家庭平衡的问题，家庭也是说服的一个切入点，结合公司或岗位优势，面试官可以告知应聘者选择这份工作给他带来的积极影响，如方便接送孩子，加班较少，周末双休，有更多时间陪伴家人等。

③自由（freedom）：对于业务能力很强的应聘者来说，他们更希望公司能给予他们独立工作和发展的空间，所以，面试官可以从工作自由度的角度说服应聘者。告诉应聘者在入职后公司不会事事插手，会给予职级范围内的授权，让其可以独立自主地工作。

④财富（fortune）：很多应聘者都有安家落户、赡养老人、抚养子女的需要，在这种情况下，薪酬很具有说服力。面试官可以告知应聘者薪酬的上升空间，或者公司整体的盈利情况，让应聘者看到在公司工作能够赚到钱。

⑤乐趣（fun）：公司或者岗位如果能让应聘者在工作中感到快乐，那么大多数人都愿意选择这样的公司。面试官可以向应聘者描述企业的文化，未来的工作环境和同事关系，如公司氛围好、内部有健身室、人性化管理等，从工作乐趣的角度说服对方。

面试官可以结合以上五点了解应聘者的诉求点，然后集中力量去说服。5F 说服法不仅可以运用于录用环节，也可以用在前期面试邀约、中期面试沟通中。在说服时，面试官应持有以下态度。

（1）真诚以待

在说服过程中，面试官要真诚以待，不能为了让应聘者顺利入职就美化岗位、虚高薪资、夸大福利等，事实证明，这样做只会为后续工作带来更多麻烦，也会增加用人成本。真诚以待是面试官应具备的基本工作态度，在说服过程中，面试官要介绍公司和岗位的真实情况，这样一旦成功说服应聘者接受入职，工作稳定性才会更高。

（2）换位思考

要想成功说服优秀应聘者接受入职，面试官要会换位思考。面试官要站在对方的角度思考，对应聘者来说，什么才是他真正看重的。在应聘者犹豫不决的时候，如果面试官能够知道对方的兴趣点在哪儿，最在意什么，那么从这一点去说服就会容易很多，比如应聘者现在主要关注的是工作与家庭平衡的问题，那么就可以从家庭为切入点进行说服。

（3）态度平和

说服时态度不能冷淡，但也不能过度热情，冷淡的态度会让对方认为公司没有诚意，过度热情反而会让对方心生顾虑，认为公司可能存在猫腻。所以，面试官应以平和的态度说服对方，说服时保持适度的热情，让对方感受到公司的诚意，在应聘者考虑期间，适度保持联络，不致让对方觉得被冷落。

第7章

自我进阶，有效提升职业技能

要想成为优秀的面试官，需要明确自身对于企业的作用，通过自我进阶，提升个人素质、专业技能和识人的能力，从而有效地甄选适合公司要求的专业人才。面试官要从面试流程、面试技巧等方面提升职业技能，同时要注意在面试过程中可能犯的错误。

7.1　走出面试评价的误区

面试评价是对应聘者的职业能力、专业技能、求职动机、优势劣势等进行界定，在该过程中，面试官可能会陷入一些误区，这些误区可能导致面试评价不够客观。

7.1.1　有效避免晕轮效应

晕轮效应又被称为光环效应，是指在认知交往过程中，会受对方某个特别突出的特征影响而产生的以偏概全的心理效应，晕轮效应有以下三个具体的表现。

①表面性：对于某人的认识还不够深入，就容易受表面的一些行为特征所影响，但一个人的个性品质与外在特征是没有内在联系的，如果仅以外在特征来评价一个人，得出的结果必然是片面的，表面性的常见表现是以貌取人。

②遮掩性：个别特征并不能反映事物的本质，但有时人们会习惯于以部分来判断整体，比如对一个人的最初印象不好，就忽视对方的其他优点，遮掩性会让我们形成一种或好或坏的"成见"，从而会掩盖我们对对方其他品质和特点的正确了解。

③弥散性：人们常说的"爱屋及乌"就是弥散性的一种表现，如当对一个人有好的印象时，会认为对方的缺点都是优点。

在面试过程中，晕轮效应最大的弊端在于以偏概全，会导致面试官陷入以下评价误区。

①对应聘者的某一能力素质评价高，会导致我们对该应聘者其他所有的能力素质也评价高。

②对应聘者的某一能力素质评价差，会导致我们对该应聘者其他所有的能力素质也评价差。

那么面试官要如何避免晕轮效应带来的评价误差呢？具体可从以下方面入手。

①冷静客观地对待第一印象，不要以第一印象来评价应聘者，而应全面真实地记录应聘者各方面的表现，然后进行综合评估。

②面试过程中要观察应聘者的仪容仪表，但不能以貌取人，还要了解对方的个人素质、个性行为、工作能力等深层次的特征，仅看表象很容易带有偏见。

③面试过程中注意刻板现象，比如看到高学历就认为工作能力必定很强，这种刻板印象会导致面试评价失真，面试官应注意修正刻板印象带来的假象。

7.1.2　正确认识顺序效应

顺序效应是指在对多名应聘者进行面试评价时，会受面试顺序的影响而不能客观地评定应聘者。当面试官一天要面试多人时，顺序效应确实会影响面试评定，比如有五人参加面试，前面四人都很不理想，即使第五位应聘者表现一般，面试官也会认为第五名应聘者足够优秀，从而给予很高的评价。

另外，人的精力也是有限的，大多数情况下，对于前面参与面试的应聘者，面试考察会比较仔细，评分也会相对客观准确，到了面试的后半段，面试官可能会感到疲惫，这时的面试考察可能就不那么到位。那么如何有效避免顺序效应带来的评价误差呢？可采用以下方法。

①正确认识顺序效益可能带来的评价误差，结合面试评估表的测评要素来对每一位应聘者进行合理评估。

②合理安排面试人数和时间，避免面试时间不充足影响面试效果。

③面试中途进行自我调节，保持良好精神状态，集中注意力。

④提前做好面试计划安排。

7.1.3　相似效应对面试评价的影响

相似效应是指面试官在进行面试评价时会选择那些和他们相似的应聘者，比如选择与自己个性特征、价值观、兴趣爱好相似的应聘者。如果面试官在面试评价中经常受相似效应的影响，会带来以下问题。

①容易产生面试偏见，如果应聘者的性格特征、兴趣爱好、行为经历等与自身不同，可能因个人好恶给予负面评价。

②无法建立多元化的团队，成员间无法优势互补，团队成员可能高度同质化。

团队成员高度同质化是非常危险的，因为，相似的人思考问题的方式、价值取向会高度趋同，这使得相似的人很容易犯相似的错误。因此，面试官在招聘人才时要注意规避相似效应。

为避免相似效应给面试评价和组织带来负面影响，面试官可以采用以下方法来规避相似效应带来的弊端。

①做到因岗设人。人才招聘做到因岗设人，每个岗位对于人才的要求是不同的，面试官要根据岗位要求来选择不同能力、特质的员工，这样才能为公司找到合适的人才。

②建立人才评价标准。建立一套适合企业的人才评价标准，避免面试评价时全凭自己偏好来录用人才。

③自我提醒。作为一个成熟的面试官应正确认识相似效应，面试时进行自我提醒，以规避相似效应带来的评价误差。

④建立互补性团队。在为组织招聘人才时，应考虑团队成员在学历、知识、技能、能力、性格等方面能否互补，充分认识到互补性团队优势，让团队成员都能发挥自己的潜力。面试官在招聘面试时应尊重差异化，不因自身喜好来进行面试评价，如果仅以个人喜好来评估应聘者，势必会让团队内部的人才高度同质化。表 7-1 为高绩效团队的角色分配，面试官可以结合以下角色定位进行人才选拔。

表 7-1　高绩效团队角色分配

角　色	特　　点
实干者	实干者务实可靠，对工作尽心尽责，是团队中很好的执行者，能够帮助团队实现任务目标
协调者	协调者有较强的沟通交流能力，能够控制局面，能够帮助团队进行角色分工，增强团队凝聚力
推进者	在工作中积极主动，有很强的干劲，在团队中推进者能够起到推动决策、达成目标的作用
创新者	创新者有很强的创新能力，思维方式活跃，能够为团队提供好的点子、建议，
调查者	调查者性格外向，有好奇心，能够帮助团队获取所需的信息，是信息的敏感者
监督者	监督者有着很强的判断能力和分辨能力，他们能够对团队决策、行动作出合理评价
凝聚者	凝聚者擅长人际交往，能够帮助解决团队分歧，让团队成员间具有很强的凝聚力
完美主义者	完美主义者对待工作认真，追求完美，能够帮助团队出色地完成组织目标

7.2　如何面试各类应聘者

在招聘过程中，面试官会遇到不同岗位、职级的应聘者，为保证面试的有效性，面试官最好灵活采用不同的面试方法，同时要清楚面试的一些注意事项。

7.2.1　面试中高级管理者

高职位的应聘者一般都拥有丰富的工作经验，由于其岗位的特殊性，在面试时他们可能会提出一些额外的要求，下面来看一个案例。

范例解析 应聘者提出要与领导直接谈

某公司招聘市场部经理，经过简历筛选后确定了一名应聘者张×，张×有大公司工作背景，在市场拓展和开发方面也有很好的业绩表现，于是，人力资源部通知该应聘者5月10日到公司参加面试。

面试当天，前台接待人员接待了张×，按照公司的面试流程，张×需先填写应聘登记表，然后由人事部进行初试，但是张×却拒绝填写应聘登记表，同时表示要和公司领导直接谈。

接待人员耐心地向其解释了公司的面试流程，但张×却认为公司对自己不够重视，拒绝按照公司的面试流程进行面试，愤然离开了公司。

在以上案例中，应聘者提出要与公司领导直接谈，但这并不符合公司的面试规定，接待人员也向其解释了原因。而该名应聘者应聘的职位是公司的高级管理职位，在行业内属于稀缺人才，其要求与公司领导直接谈也有一定合理性，那么问题出在哪呢？

主要问题在于面试之前没有做好沟通工作，针对中高级管理职位，在面试安排上要注意以下几点。

（1）充分准备，提前沟通

面对高职位的应聘者，在面试邀约前要充分了解其简历信息，另外，还可以通过其他渠道了解简历以外的其他相关信息。面试邀约时与应聘者做好沟通，让对方对面试流程、公司有一个全面的了解，比如面试有几轮、每轮的面试官是谁、公司的主营业务等。

如果应聘者在面试之前就充分了解了面试流程，那么就不容易出现案例中的问题了，大多数优秀的应聘者都会积极配合公司的面试安排。

（2）表现尊重，注重保密

在面试高职位的应聘者时要表现出基本的尊重，对方会因为充分尊重而更有安全感和信任感。另外，很多中高职位的应聘者在未进入新公司前，都希望公司能对其求职意向保密，所以，公司要注意为应聘者保密。同行中的中高级管理者可能会互相认识，在安排面试的时候，应尽量避免应聘者之间碰面。

（3）灵活选拔，适当优化

中高级管理职位比较适合一对一或多对一的面试形式，由于岗位的重要性，在面试时需要评估的信息也比较多，面试官要留足时间，一般要在半小时以上。在面试中还可以灵活地采用多种面试工具和方法来选拔中高级管理人才，如结合心理测试、STAR 面试法、行为访谈来对应聘者进行评估，提高面试的可信度和有效性。另外，根据实际情况还可以对面试流程进行优化，避免面试流程过于冗长烦琐。

7.2.2 面试应届毕业生

应届毕业生没有丰富的工作经验，但从公司长远发展的角度来考虑，招聘应届毕业生也有以下一些好处。

①培养人才梯队。相较于有工作经验的应聘者，应届毕业生的可塑性更高，公司可以根据岗位需要有针对性的招聘应届毕业生来充实员工队伍，优化企业人才结构，使人才培养形成梯次。

②选择余地大。在每年的毕业季都有大量的应届毕业生应聘者，人力资源部可以充分利用这一时段开展人才招聘，通过校园招聘或社会招聘的形式来选拔人才，由于应聘者数量大，面试官可选择的余地也大，便于完成大批量的招聘任务。

③用人成本相对更低。相比有过工作经验的应聘者，应届毕业生对工资的要求普遍不高，对企业来说，招聘应届毕业生可以在一定程度上降低用人成本。

一般来说，能够招聘应届毕业生的岗位其工作内容相对都比较简单，培训期也不会太长。面试官在招聘应届毕业生时，同样需要进行简历筛选，筛选时要重点看以下几方面内容。

①学历背景：包括教育经历、最高学历以及所学专业等。

②社会实践：应届毕业生虽然没有丰富的工作经验，但从其校园活动与社会实践经历中也可以了解其能力。面试官可以通过简历了解应届毕业生在校期间、寒暑假期间以及实习期间是否有参加过校园活动或社会实践项目。

③所获荣誉：很多优秀的应届毕业生也会获得诸多荣誉奖项，比如技能大赛奖、各类奖学金、学术成果等，这些都可以反映出应届毕业生的优秀程度。

④自我评价：应届毕业生写在简历中的自我评价也需要面试官仔细阅读，主要看自我评价与岗位要求是否有联系。

进入面试环节后，面试官可能会在面试过程中遇到以下问题。

①无法提供工作经验相关信息。

②专业知识与岗位实际所需脱节。

③不清楚自身职业规划和兴趣爱好。

④眼高手低，对自身实际实力和水平没有准确的评价。

面试应届毕业生也主要从岗位胜任力入手，首先，面试官要注重自我介绍环节，通过自我介绍倾听应聘者有哪些优势和强项。很多应届毕业生都无法提供工作经验相关信息，但他们会有实习经历，所以，在面试时不必要求他们谈工作经历和相关经验，可以询问"你在实习期间有什么收获"，从应聘者对实习经历的总结中了解其能力。

在面试中可能会遇到毕业生所学专业和岗位实际所需不一致的情况。实际上，大多数应届毕业生在毕业后并不一定会从事本专业相关工作，只要该应届毕业生具备岗位所需基本技能，如 Office 技能、团队协作能力等，即使专业与岗位不对口也可以录用。

一般情况下，都希望前来应聘的应届毕业生对自身职业有一定的规划，如果应届毕业生表示"没有职业规划""没有想清楚自己的规划"，那么面试官可以询问"你对什么岗位感兴趣""为什么会应聘这个工作"，了解应聘者的职业兴趣、求职态度，从而评估其是否适合招聘岗位。

面对眼高手低的应届毕业生，面试官可告知对方能力和薪资是匹配的，让其意识到自身的实际能力水平。对应届毕业生进行面试考察，需要重点评估其以下几方面的能力。

①学习能力。这一能力是很重要的，如果应届毕业生不具备基本的学习能力，那么在入职后也很难快速掌握岗位技能。

②职业精神。具备职业精神的应届毕业生一般都有工作责任心，这种责任心会让其尽职尽责，在岗位上贡献自己的聪明才智。

③共事能力。应届毕业生在入职后一般都不能马上独立完成工作，在试用期间通常需要和其他同事共同完成工作任务，如果应届毕业生不具备合作共事能力那么也很难顺利通过试用期。

④主动性。如果新入职的应届毕业生具备良好的主动性，那么在工作中他们也能根据工作要求积极主动、保质保量的完成工作。

7.3　破解企业招聘面试难题

企业的招聘面试也可能遇到很多难题，那么面对招聘面试中的难题，面试官该如何解决呢？本节就来看看招聘面试中常见的难题，以及具体的解决方法。

7.3.1　视频面试需要格外注意什么

目前，很多企业也将视频面试作为招聘中的重要一环。部分大中型企业在秋招和春招中还会全程采用线上视频面试的方式进行招聘，有的企业则采用线上＋线下面试相结合的方式。

线上视频面试需要使用网络设备进行面试，也无须准备实地的面试场所，对企业来说可节省物质成本和时间成本。但是线上视频面试可能无法观察到应聘者的肢体语言以及微表情等，开展视频面试要注意以下几点。

（1）做好视频面试通知

在面试前通过电话、短信、邮件等形式告知应聘者视频面试的时间、面试流程、注意事项等，以让应聘者能够提前准备好相关设备，做好视频面试准备工作。

范例解析　视频面试通知示例

　视频面试通知示例 1

　×××您好，恭喜您进入××××公司20××春季校园招聘常规批一面环节！现邀请您参加××××公司在线视频面试。

　1. 面试时间：××××年××月××日 10:00（北京时间），预计面试时长 30 分钟。

　2. 面试编号：您姓名后的字母与数字即为您的面试编号，进入会议前，请将您的昵称改为编号＋姓名，例如"A01 张三"。

　3. 面试当天请至少提前 40 分钟，点击×××× 进入面试大厅准备，等待面试。

　4. 请务必提前下载×××× 客户端到手机或者电脑上，避免耽误面试进程（请务必更新至最新版本）。

　请在收到邀请的 24 小时内点击×××× 确认是否参加，并上传简历，过期视为自动放弃。

　视频面试通知示例 2

　×××您好，恭喜您通过×××× 公司简历初审。我司将组织开展第一轮面试，此次面试采用在线视频形式，有关事项如下：

　一、面试流程

　1. 应聘者点击×××× 进入视频面试室并登录账号。

　2. 面试官提问，应聘者作答。

　3. 面试时间约为 15 分钟。

　二、面试时间

　××××年××月××日 15:00。

视频面试账号

三、注意事项

1. 请选择封闭、安静场所作为面试地点，面试场所内不得有应聘者意外的其他人员。

2. 本次面试采用××××远程面试系统，面试前可进行模拟视频面试，模拟视频面试时间：××××年××月××日10:00。

3. 请提前准备好手机或电脑（须带有摄像头和麦克风）参加面试，并保证网络通畅，避免因网络及设备问题导致面试中断。

（2）调试好设备

开始视频面试前面试官要先熟悉面试软件的使用，同时调试好软件以及设备，检查网络摄像头、录用设备等是否能正常使用，同时检查网络连接是否顺畅，保证面试时不因软件问题或设备故障等原因导致面试无法正常进行。面试时的背景应干净整洁，环境光线要充足，同时保证场所的安静，避免视频面试时受噪声干扰。

（3）体现专业性

视频面试与线下面试一样，面试官同样需要保证专业性，保持好的仪容仪态，坐姿端正、面带微笑，呈现出专业严谨的态度。在面试过程中，要保持双方的眼神接触，应聘者回答时可以微微点头或者保持微笑，以让对方知道我们在专注地听。如果全程冷漠麻木、固定不动，会让对方觉得不舒服，或者认为网络出现了卡顿。

面试提问时声音应清晰洪亮、轻松自然，以确保对方能够听清楚问题，有时候受麦克风的影响，可能会有回音或杂音，若对方未能听清楚，可适当提高音量。

7.3.2 销售岗位招聘难，如何解决

大多数公司都需要销售，对于销售型企业来说，销售更是不可或缺的

核心岗位。销售岗位招聘难，是很多企业在招聘过程中都遇到过的难题。为什么销售岗位招聘会较一般岗位难呢？其原因主要有以下几点。

①工作压力大，很多应聘者不愿意从事销售岗位工作。

②部分应届毕业生会认为销售岗位对学历要求不高，无法实现自身价值，也不愿意从事销售岗位工作。

③销售岗位主要采用低底薪＋高提成的薪资结构，低底薪无法吸引优秀人才，也导致很多应聘者很难在销售岗位坚持下来。

④销售工作可能经常会面临加班加点，只要客户有问题咨询，销售人员就必须及时解答疑惑，这也让很多应聘者不愿从事销售工作。

那么面试官要如何解决销售岗位招聘难的问题呢？面试官要从招聘面试的流程入手，做好渠道宣传、简历筛选、面试邀约、面试沟通等工作。

①渠道宣传：在发布招聘信息时，就要做好招聘宣传工作，向应聘者展示企业的良好形象和岗位职业前景。

②简历筛选：做好简历筛选以提高招聘入职率，一般来说，有过销售经历的应聘者会更愿意从事销售工作，另外，也要注意筛选适合做销售的人才，人际交往能力强、有求胜欲望、有应对挫折能力的应聘者更适合做销售。

③面试邀约：面试邀约时摆正态度，语气不能过于生硬，简单明了地突出本公司和销售岗位的优势，提高面试邀约成功率。

④面试沟通：销售岗位最好由用人部门进行面试，如销售总监、资深销售人员等，因为用人部门更清楚销售岗位需要什么样的人才，如果让不懂销售的面试官进行面试，可能招聘到的人才与岗位实际所需会存在较大偏差。

针对销售岗位，在面试沟通中需要了解其表达能力、营销业绩表现等，表 7-2 所示为销售岗面试评估表，供借鉴参考。

表7-2 销售岗面试评估表

姓名		性别		籍贯	
应聘岗位		期望薪酬		可到岗时间	

一、基本能力					

评价方向	评价要素	评价
思维能力	思路是够有条理，逻辑思维是否清晰	
表达能力	表达是否流畅，普通话是够清晰，语言组织是否流利	
主动性	是否积极主动	
抗压能力	是否自信，镇定自若，不怯场	

该项评价：□优秀　　□良好　　□一般　　□较差

面试官签名：

二、销售能力

评价方向	评价要素	评价
基本销售技术	是否能与客户建立友善的关系；是否能倾听客户的需要；是否能向客户推荐合适的产品；是否能妥善处理客户提出的问题，并促成成交	
销售认知	对销售工作是否有清晰的认识；是否足够了解原公司所销售的产品；对销售素质的理解	
销售业绩	过去的销售业绩表现，列举 2～3 个实例进行说明	
销售经验	以往的工作经验是否与本岗位要求一致	

该项评价：□优秀　　□良好　　□一般　　□较差　　面试官签名：

三、销售综合素质

评价方向	评价要素	评价
职业修养	衣着是否整洁；举止是否大方得体	
团队协作意识	能否主动支持团队成员的工作；能否共享信息和资源；是否关注团队成功，与团队成员共同达成销售目标	
进取精神	是否有强烈的进取精神；心态是否乐观、积极；是否渴望成功	

续上表

自信心	能否自信地提出问题；遇事是否镇定、不紧张	
职业道德	工作是否诚实、正直；能否公正地对待他人或尊重他人；能否获得客户的信任	

该项评价：□优秀　　□良好　　□一般　　□较差　　　　面试官签名：

四、面试综合评估

面试意见	综合评价及录用意见	
	入职日期	
	薪资	元／月提成（试用）　　　元／月提成（转正）
人事行政部审核		
用人部门审核		

7.3.3 对面试考官的培训

招聘面试不能凭感觉选拔人才，参与招聘的面试官不具备面试相关技能，也是企业常遇到的难题。面试选拔是否有效，关键在于面试官本身的素质和能力。在选择面试官时，应了解其是否符合以下要求。

①掌握面试流程，熟悉面试方法和技能。

②熟悉招聘岗位工作职责和内容。

③清楚招聘要求，熟悉公司规章制度。

④有良好的沟通能力和观察能力。

⑤有良好的情绪控制能力，能够驾驭面试过程。

⑥懂得识别人才，能够挖掘应聘者的价值。

如果面试官不符合要求，则要对面试官进行相关技能的培训，面试官培训可以包括图 7-1 所示的内容。

图 7-1　面试官培训的内容

　　企业可以根据自身实际情况来制订面试官培训计划，明确面试官培训的目标、培训的时间、培训的内容以及培训方案等。培训结束后可由培训师或者人力资源部对面试官进行模拟考核，以了解其是否掌握了面试相关的知识和技能，表 7-3 所示为面试官培训考核表。

表 7-3　面试官培训考核表

考核者姓名		考核者职位			
面试官姓名		考核日期			
考核内容	考核标准			评分	备注
仪容仪表是否整洁、大方、得体	若出现以下情况，每出现 1 项扣除 1 分，扣完为止： 1. 未穿着工装或着装不规范。 2. 发饰配饰未达到标准要求。 若出现以下任一情况，每出现 1 项增加 1 分，最高为 5 分： 1. 面试前用心整理了服装和装饰。 2. 在面试过程中行为举止大方得体。 3. 精神面貌积极向上，透露着自信				
是否提前熟悉了应聘者相关资料	若出现以下情况，每出现 1 项扣除 1 分，扣完为止： 1. 面试沟通中出现了明显的信息错误，如记错应聘者姓名、学历等。 2. 多次反复询问同一个基础信息。 若出现以下任一情况，每出现 1 项增加 1 分，最高为 10 分： 1. 在应聘者资料中主动发现切入点并有效和应聘者发生共鸣，创造了良好的沟通环境。 2. 在面试资料中有效获得信息并在面试过程中对资料中的内容予以运用到面试环节中。				

续上表

考核内容	考核标准	评分	备注
是否提前熟悉了应聘者相关资料	3. 能够发现资料中呈现逻辑关系、因果关系、为面试中提出问题予以借鉴。		
是否充分了解需聘岗位的用人标准	若出现以下情况，每出现 1 项扣除 1 分，扣完为止： 1. 没有明确的目标，先看人再定岗。 2. 错误的阐述了岗位的标准和需求。 若出现以下任一情况，每出现 1 项增加 1 分，最高为 15 分： 1. 熟悉岗位的标准，并能够明确阐述出岗位的标准行为。 2. 在面试过程中通过对应聘者的了解能够清晰地构建出应聘者的能力画像。 3. 能够了解应聘者的强弱能力项。		
是否在面试开始时主动向应聘者打招呼并自我介绍	若出现以下情况，每出现 1 项扣除 1 分，扣完为止： 1. 未自我介绍直接进行面试提问。 2. 表情冷漠凝重，不主动打招呼，让应聘者先说。 若出现以下任一情况，每出现 1 项增加 1 分，最高为 5 分： 1. 积极热情主动，告知应聘者自己的岗位。 2. 面试中能够通过自身的成长案例拉进与应聘者之间的关系。 3. 良好的开场，为整个面试环节创造了积极愉快的氛围。		
是否阐述了本次面试的目的和步骤	若出现以下情况，每出现 1 项扣除 1 分，扣完为止： 1. 未告知本次面试的目的。 2. 未告知本次面试的步骤和时间。 若出现以下任一情况，每出现 1 项增加 1 分，最高为 5 分： 1. 主动告知应聘者本次面试的目的。 2. 能够在面试前告知应聘者面试的几个环节和大致时间。 3. 与应聘者达成面试的初步共识。		
是否通过不同维度来了解应聘者信息	若出现以下情况，每出现 1 项扣除 2 分，扣完为止： 1. 仅通过简历的已知信息进行考察应聘者。 2. 整个面试仅通过单一维度了解应聘者。 若出现以下任一情况，每出现 1 项增加 2 分，最高为 20 分：		

续上表

考核内容	考核标准	评分	备注
是否通过不同维度来了解应聘者信息	1. 能够通过在校经历、社会经验、工作阅历等维度了解应聘者。 2. 能够结合测评、性格、爱好等维度了解应聘者。 3. 能够发觉出应聘者在基础资料中没有的信息，并了解到关键能力。		
提出的问题是否循序渐进且具有结构化帮助了解应聘者很深层的信息	若出现以下情况，每出现 1 项扣除 2 分，扣完为止： 1. 提出的大部分都是封闭式问题。 2. 提问中有明显的引导。 3. 提问不具有深度，且并未追加询问。 若出现以下任一情况，每出现 1 项增加 2 分，最高为 20 分： 1. 提出循序渐进的问题，以帮助探查深层次原因。 2. 合理利用多种提问方式相结合，以确定应聘者的各项能力。 3. 提问具有结构化，能够立体呈现出应聘者的各项能力。		
面试结束前，是否询问应聘者还有其他问题	若出现以卜情况，每出现 1 项扣除 1 分，扣完为止： 1. 未询问应聘者是否有其他问题。 2. 引导应聘者回答没有问题。 若出现以下任一情况，每出现 1 项增加 1 分，最高为 5 分： 1. 应聘者提出问题后，予以耐心解答。 2. 解答过程中阐述清楚明了。		
是否有做面试笔记	若出现以下情况，每出现 1 项扣除 1 分，扣完为止： 1. 未做任何记录。 2. 对应聘者的能力没有自己的判断。 若出现以下任一情况，每出现 1 项增加 1 分，最高为 15 分： 1. 关键性问题 / 能力有做记录且有自己的观点。 2. 清晰的标注在资料相关位置，给他人查看予以参考。 3. 字迹清晰条理清楚。		

注：加减项并不局限于以上阐述，若有其他行为关键点，可列出予以相应分数。

7.4　招聘面试法律风险与防范

招聘面试是人力资源管理的重要环节，也是最早面临用工法律风险的环节，但企业却常常忽视该环节存在的法律风险点，以至于为正常的经营管理和劳动用工埋下隐患。

7.4.1　招聘面试中常见的法律风险

企业需要规范招聘面试过程中的一系列行为，以防范法律风险，招聘面试过程中常见的法律风险有以下一些。

（1）招聘广告法律风险

企业发布的招聘广告不能违背诚实信用原则，《就业服务与就业管理规定》明确规定，用人单位招用人员不得提供虚假招聘信息，发布虚假招聘广告。另外，招聘广告也不能含有歧视信息，比如民族歧视、性别歧视等。

（2）未履行告知义务

在招聘面试过程中，企业应如实告知劳动者涉及其切身利益的事项，比如工作内容、工作地点、劳动报酬、职业危害以及劳动者要求了解的其他情况。用人单位若未履行告知义务将面临劳动合同无效、承担赔偿责任的法律风险。

（3）发出录用通知后未录用应聘者

面试官应在确定应聘者符合招录条件的前提下发出录用通知，如果发出录用通知后却未录用应聘者，可能将承担缔约过失责任。

另外，录取通知书与劳动合同条款不一致也会存在一定的法律风险，面试官不能混用录用通知书和劳动合同，在录用通知书中最好明确有效期，以及与劳动合同的关系。

7.4.2 如何防范招聘面试法律风险

为减少用工风险，面试官因加强法律意识，做好招聘面试法律风险防范工作，具体可从以下几方面入手。

①面试官要熟悉劳动用人相关法律法规，包括《中华人民共和国劳动法》《中华人民共和国劳动合同法》《就业服务与就业管理规定》《中华人民共和国就业促进法》等。

②不要为了完成招聘任务而发布虚假招聘广告，做好招聘信息的审查工作，避免招聘信息中出现歧视性条款。

③面试面谈时如实告知应聘者工作内容、工作条件、工作地点、职业危害、安全生产状况、劳动报酬以及劳动者要求了解的其他情况，面试官不能夸大工资待遇、劳动条件以及劳动环境。

④做好录用前的背景调查，了解应聘者是否与原用人单位签订了保密协议、竞业限制等法律文件，以规避侵权风险。

⑤劳动合同法规定用人单位招用与其他用人单位尚未解除或者终止劳动合同的劳动者，给其他用人单位造成损失的，应当承担连带赔偿责任。因此，在招聘面试过程中还要了解应聘者是否与原用人单位解除了劳动合同，录用时应要求对方出具离职证明。

⑥在面试和录用过程中不能扣押劳动者的居民身份证和其他证件，也不得要求劳动者提供担保或者以其他名义向劳动者收取财物。

⑦做好面试评估工作，谨慎发出书面录用通知，一旦应聘者接受了入职录用就不要无故拒绝录用。